# ハイヒールは女の筋トレ

## 美の基礎代謝をあげる82の小さな秘密

美容ジャーナリスト
松本千登世

講談社

# ハイヒールは女の筋トレ

「はじめに」に代えて

# 美人じゃなくていい、
# 美人に見えれば

若いころは、美人か否かは「持って生まれたもの」で決まると、何の疑いもなく信じていました。ところが美容の仕事に関わり、たくさんの美しいひとたちへの取材を重ねるうちに、私が日々出会う美人たちは、そんな表面的なことでは説明がつかないひとばかりだと気づいたのです。その美しさの気配や奥行きには、何が隠されているのだろう。他のひとと、何が違うんだろう。

以来、私は、「あっ、このひと、美人」とはっとさせられたとき、その瞬間、なぜ彼女が美人に見えたのかを、考えるようになりました。たとえば、そのひとの纏《まと》っている白が清潔に見えたとき、そのひとが自分に満面の笑みを向けてくれたとき、そのひとが丁寧な言葉で思いを伝えてくれたとき、そのひとからふとい い匂いが漂ってきたとき……。美しさの秘密を私なりに解き明かしていくうちに、改めて確信したのです。

美人の定義は、姿形《すがたかたち》ではないのだ、と。

大人は、「美人じゃなくていい、美人に見えれば」。それが、数えきれないほどの美人に会ってわかったこと。いや、むしろ、生まれつきの美人よりも、「美人に見えるひと」のほうが、ずっと魅力的で、価値がある。美人に見えるひとほど、美しく生きているひとはいないからです。
そこで、私が出会った美人たちの秘密を一冊の本にまとめてみました。私が聞いた美に効く「言葉」を第一章、美人たちの共通点から見えてきた「法則」を第二章、私が美人たちに学んだ「心得」を第三章に綴りました。これらのひとつひとつを知れば、誰でも美人に見せられるとわかる、反面、諦めたらいつだってそう見えなくなると気づかされる……。

そう、

美人は才能じゃなくて、ちょっとした心がけなのです。

ハイヒールは女の筋トレ　目次

## 第二章　見る〜美人の「法則」を分析する

## 第三章　感じて、考える〜美人の「心得」

## 第一章

# 聞く〜美人をつくる「言葉」

# 「幸せをつくる力は、『筋肉』でできている」

美容ジャーナリストの齋藤薫《さいとうかおる》さんに、インタビューしたときのこと。

「体を鍛えたら、立ち上がったり、動いたりするのが単純に早くなったのね。その前は、行動する前に『どうしよう?』と一拍置いて、『まあいいや』と動かない……ということがあったのに。そして、気がついたの。『身のまわりを綺麗にしよう』も『明日、映画を観よう』も『ちょっと旅行しよう』も、きっかけはすべて筋肉。日々を楽しく過ごし、幸せに生きようとする力は、筋肉から生まれるんだ、って」

体に筋肉がつくと、体のフットワークが軽くなる。心に筋肉がつくと、心のフットワークが軽くなる。そのどちらもが軽くなり、うまく回り始めたとき、人生が充実する……。私が毎日1万歩を目標にせっせと歩き始めたのは、そう気づかされてからです。

# 『顔立ち』より、

スタイリストの女性がつぶやいたこの一言に、はっとさせられました。

「顔立ち」より、「顔つき」。改めて辞書で調べてみると、「顔立ち」とは顔の形やつくり、目鼻立ち、「顔つき」とは、気持ちを表す顔の様子、表情……なにげなくふたつの言葉を使い分けていましたが、こんなにも深い意味の違いがあったことに改めて気づかされたのです。

どんな表情も跳ね返すハリと弾力がある若いころは、顔立ちがそのひとの顔ですが、ハリと

# 『顔つき』が大事」

弾力を失い始めると、顔はいつもの表情の癖を静かに記憶し、顔立ちは次第に、顔つきへと変わっていきます。いつも笑っていると笑い顔に、怒っていると怒り顔になると言われるように、時間とともに気持ちが顔の形になり、つくりになり、目鼻立ちになる。何を感じ、どう生きるかがそのままそのひとの顔になるということなのです。

大人になるほど、美人かどうかを決めるのは顔立ちじゃなくて顔つき。美人にするもしないも、自分次第なのです。

03

# 「ハイヒールは女の筋トレ」

スタイリストのそのひとは、つねにハイヒール。背筋をぴんと伸ばし、軽やかににこやかに歩いてる。辛くない？　と問うと、「ハイヒールは、私にとって唯一の『筋トレ』だから」。のちに、ハイヒールはフラットシューズに比べ、1.5倍のカロリーを消費すると聞きました。歩きにくさは、筋トレであり、ダイエットの証《あかし》。ちょっとした辛さは、女を美しくするスパイスになるのです。

# 「楽をしたら楽しくなれない、楽しくなりたければ楽はできない」

「『楽』と『楽しい』ってさ、同じ字なのに、意味がまったく違うよね」。あるアスリートがふとしたときに、さらりとこう語ってくれました。勝利は、努力を怠ると決して手に入らないこと、努力を重ねて得た勝利にこそ、この上ない感動や興奮があるということを、シンプルな言葉にしてくれたのです。

洋服も料理も、そして人生も、同じ。楽ばかり選んでいたら、楽しくなんてなれない。本物の感動や興奮には出会えないのだと気がつきました。

真っ白なブラウスを着てみる。だしを一から取ってみる。たったそれだけでいい。ちょっとだけ手間や時間がかかるほうを選ぶ毎日を積み重ねれば、いつの間にか美しくなっていると信じて。

# 05

「20歳の顔は
自然に与えられたもの、
30歳の顔は
生活が形づくるもの、
50歳の顔は
あなたが手に入れるもの」

デザイナーのマドモアゼル・シャネルが残したこの言葉は、多くの女性たちの生き方に影響を与えているのではないかと思います。私自身も、そのひとり。この言葉に出会ったとき、女性として人間として、これから積み重ねていく時間がいかに大切かを教えられ、深く感銘を受けたのを覚えています。

以来、同じ映画なのに、まるで観るたび、そのときの「私」にもっとも深い感動を与えるように、ひとつまたひとつと年齢を重ねるごとに、この言葉に触れたときの心の震えや痺れみたいなものが増して、「味わい」が深まっていくのを感じています。

顔は、私たちが思う以上に、簡単に変わるもの。心のありようで、どうにでも。だから、いつでも、いくつでも、心の筋トレを続けたいと思います。それがすなわち、「成熟」ということだから。

# 06

## 「電車の中でメイク、夫の前でパック……」

　ある外資系化粧品会社の重役、フランス人女性に取材でお目にかかったときのことです。取材を終えてほっと一息つき、フランス人と日本人の習慣や考え方の「違い」について盛り上がりました。「ファンデーションからアイラインまで、電車で器用にメイクをする女性がいるんですよ」「結婚したら、いや結婚しなくても夫や恋人と一緒に暮らしていると、彼の前でパックをする女性は意外と多いんじゃないかな?」……私たちが話すと、とても驚いた様子で、彼女はこの一言を発したのでした。

　カフェでお茶を飲んでいても、ウィンドウショッピングを楽しんでいても、いつどこに恋愛のチャンスが転がっているかわからない。つねにそう思っているフランス人女性には、電車

# 「一体、いつが本番なの？」

の中でメイクをするなんて考えられないと、彼女は言いました。夫であろうと恋人であろうと、女としていちばん綺麗でありたいはずの「愛する人」の前で、綺麗になろうと努力をする、いわば格好悪い姿を見せるなんて、それもまた信じられないのだ、と。そこで、「一体、いつが本番なの？」。

美容に対する意識は世界でもトップクラスと言われる私たち日本人女性。ところが、いつのまにか綺麗になること自体が目的になり、「たしなみ」を忘れてしまったのかもしれません。いつだって、本番。水面下で足をばたばたしている姿は他人には見せない……そんな美容ができたら、私たちはもっと綺麗になれるに違いないと思うのです。

# 07

# 「柔らかいシワは、女を美しくする」

「思い浮かべてみてください。上質なシルクサテンのような柔らかい布には折り目がつきにくいでしょう？　それに対し、分厚く硬い紙は、一度折り目がつくと決して元には戻りません。肌にも同じことが起こるんですよ」

　ある美容家の女性の指摘です。いいシワ悪いシワ、美しいシワとそうでないシワがある、とよく言われますが、私自身、その違いに明確な答えを見つけられないでいましたが、この言葉を聞いて、そうか、そういうことだったんだと、やっと納得がいったのです。

　とにかく大切なのは、肌を乾かさないこと、萎《しぼ》ませないこと。シワを刻みにくい柔らかい肌、一時的にシワができてもゆっくり元に戻せるような復元力のある肌にすること。

　シワを恐れなくなると、思いっきり笑える、すると、知らず知らずのうちに、誰にも真似のできない豊かな表情が生まれている……柔らかいシワは、だから女を美しくするのです。

# 08

# 「9割の女性は、眉メイクを変えるだけで、もっと美人になるのに」

「顔の額縁」、眉。絵の印象が額縁によって大きく変わるように、顔の印象は眉が左右しているという意味で、こう言われます。あるメイクアップ・アーティストは「9割の女性は、眉メイクを変えるだけで、もっと美人になるのにもったいない」と嘆《なげ》き、あるメイク教室の先生は、「レッスンを受けに来るほぼ全員が、眉メイクで損をしています」と断言する。私も含め、年齢を重ねるほどに、眉に「苦手意識」を持っている女性は多いはずです。

それは、眉が極めてパーソナルなものであるのに加え、年齢とともに薄くなったり細くなったりと、形や色、質感が変化するから。同時に、時代のトレンドに大きく左右されるものだから、大人になればなるほど、眉づくりが難しくなるのです。

そこで、美しい大人の眉の共通点。それは「やりすぎ」と「やらなさすぎ」、「目立ちすぎ」と「目立たなさすぎ」の間、ぎりぎりの絶妙バランスで仕上げることです。理想の眉をまるで貼りつけるようにきっちり描くのは、痛々しく見えて老けるし、ぼさぼさだった

08

りすかすかだったり、だらりと下がったまま適当に描くのも、疲れ顔に見えてやっぱり老ける。きちんと自分を知り、年齢による変化を受け止め、時代と呼吸する……そのうえで、自分の顔がもっとも生き生きと、そして引き締まって見えるバランスを見つけることが大切なのです。

じつは、メイクアップはもちろん、ヘアスタイルもファッションも、何もかも、すべてそう。個性×時代×年齢を総合的に考えて、自分にとっての絶妙バランスを見つけられるひとこそが、美しい大人。そして、そのバランス感覚がもっとも顕著に表れるのが眉。だから、眉を見れば、「女の総合力」がわかるのです。

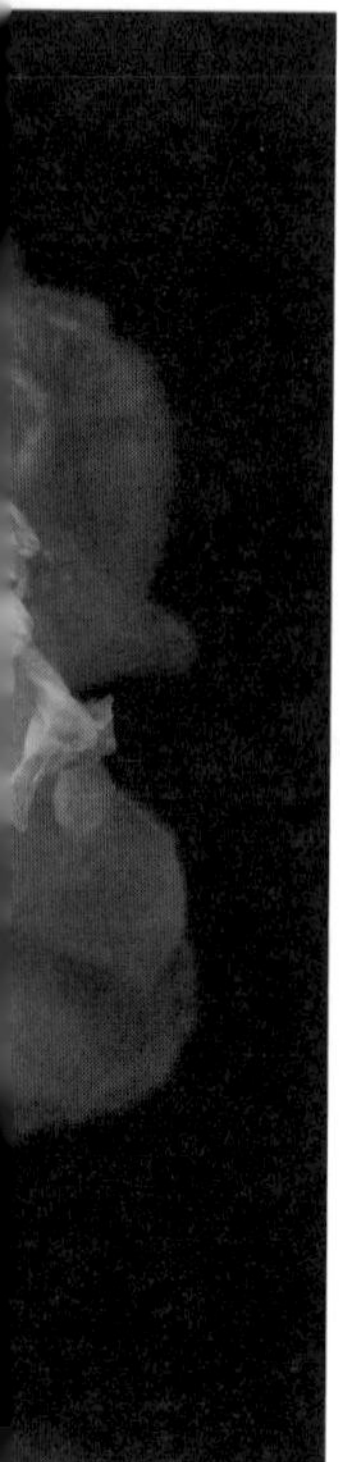

# 09

# 「予定はいつも、6割。『サプライズ』が起こる余裕を残しておくために」

「もし予定がつねに100%入っていたら、予想外のことは起こらないでしょう？　もっと嬉しいサプライズが起こるかもしれないのに」

フランス人の上司にそう言われたひとがいます。以来、考え方が180度変わったのだそうです。予定で埋まっている自分に慣れるにしたがって、予定のない自分を不安に思うようになっていたことに気づかされたのだ、と。

ゆっくりペースでデスクワークをしている月曜日の午後、同僚に紹介されたひとに仕事のヒントをもらえるかもしれない。疲れが見え隠れする水曜日の夜、友人からの突然の食事の誘いに新しい出会いが待っているかもしれない。寝坊した土曜日の昼下がり、ふと気が向いて観た映画に人生を考え直すような心震えるシーンがあるかもしれない。何も起こらなかったら、ぼんやりと考え事をしたって、いい……。想像しただけで、自分がとても豊かになった気がしました。

仕事もプライベートも、平日も週末も、予定でいっぱい。そんな「黒い手帳」から、ほんの少しだけ「白い手帳」を目指してみると、見えてくるはずです。手帳の余裕は心の余裕、余裕のある女に、楽しいことや嬉しいことが寄ってくるってこと……。

# 10

# 「年齢を重ねるほど、心も太る」

「年齢を重ねるほど、太りやすくなるでしょう？　心も同じだよね。どんどんずうずうしく、どんどんふてぶてしくなるもの、男も女も」

親友の口から飛び出した言葉に、思わず苦笑い。私自身、「心が太った」と、思い当たる節があったからです。

年齢とともに、ホルモンの関係で体が太りやすくなるように、「年齢を重ねるほど、心も太る」は、自然の摂理なのでしょう。20代は、体の重さも心の重さも、「若さ」でコントロールできるけれど、若さが失われるほどに、代わりに「意志」や「意識」でコントロールしないと、決してスレンダーではいられない。ふと気を抜くと、ちょっと楽をすると、ありのままに生きると、容赦なく、心にも贅肉がついていくのです。

だからこそ、年齢を重ねてなお、謙虚な大人には価値がある。強い意志と高い意識、そんな「心を太らせない努力」が裏にあるからこそ、美しさが際立つのだと思います。

# 11

# 「効率的な人生って、楽しい？」

以前、あるモデルの女性に「美しさの秘密」について、インタビューをしたときのこと。美容はもちろん、食事や運動など、ひととおり話を聞いたあと、「これから、どんなふうに年齢を重ねたいですか？」と問うてみました。私よりずいぶん年下なのに、とても落ち着いた雰囲気だったから。

「山の頂上を目指すのに、車に乗れば簡単で、あっという間に着くでしょう？時間の無駄もないし、体も疲れない、雨や風を防ぐこともできる。でも、それって楽しいかな？　私は、自分の足で頂上を目指したいと思います。時間がかかって、腰が痛くなったり足がだるくなったりするけれど、反面、鳥の鳴き声や道端の花々に癒やされるし、同時に体にも心にも筋肉がついて、生きる力が増す気がします。自然の匂いや空気の温度や湿度、陽射しの眩しさも肌で感じることができるから、きっとそのほうが、豊かだと思うんです。どちらがいいか悪いかではなく、私はそんな年齢の重ね方を選択したいですね」

いつのまにか、私たちは、スピーディでドラマティック、そんな効率ばかりを求めるようになりました。機微や趣《おもむき》を感じる時間さえも無駄と排除するから、めまぐるしく時間が過ぎ去っていきます。本当は、豊かな時間、幸せな時間はもちろん、怒りや悲しみ、迷いや悩みの時間さえも、女が熟すのに、欠かせないものなのに。便利が知恵を奪うように、効率は感性を奪う。彼女の言葉を聞いて、改めて気づかされました。

次の仕事まで、思いがけず1時間空いてしまったとき。待ち合わせしている相手から、30分遅れると連絡があったとき。なんとなく気分が乗らなくて、仕事が手につかないとき……。以前の私は、それを無駄と思ってストレスを感じていたけれど、今は自分に「効率的な人生って、楽しい？」と問いかけるのです。非効率的な時間もまた、自分を育てるのだと言い聞かせて。

ちなみに、「美容医療は車、スキンケアは自分の足なのかもしれませんね」と彼女。美容もきっと、効率だけが、すべてじゃないのです。

12

料理研究家の先駆け的存在である女性が語ったというこの一言に出会って、どきっとさせられました。私はどんな音だっただろう？　機嫌のいい音だろうか？　痛いところを突かれた気がして、正直、焦ったのです。

じつは、ちょうどこのころ、私は「いつも上機嫌」こそが、最上級の女の条件だと気づき始めていました。当時、取材でお目にかかった女優の板谷《いたや》由《ゆ》夏《か》さんは、結婚して母になったばかり。いろいろなエピソードを聞くうちに、仕事も家庭も全力で向き合う姿が見えてきました。その中にこんな話があったのです。

「どんなに忙しくても、どんなに落ち込んでいても、夫や子供のために料理をつくることが私にとっての『リセットボタン』になるの。家族が喜ぶ顔を

# 『機嫌』がわかります」

思い浮かべたら、何があっても忘れられるから」

彼女は、いつも、機嫌よくまな板に向かうひと。目を輝かせ、口角を上げ、鼻歌を口ずさみながら、家族の食事をつくっているに違いない。その料理はきっと、どんなに高価なフランス料理より美味《おい》しいに決まってる……。

以来、私がつねに心がけていること、それは、まな板に向かうときは、誰かのための料理でも自分のための料理でも、機嫌よく。機嫌のいい音の積み重ねが、いい女をつくるのだと信じて。

のちに、上機嫌な時間が長いほど、そのひとは見た目も老けないのだと聞きました。理由は、口角《こうかく》が上がっている時間が長いから、その間ずっと、顔の筋トレをしているに等しいから。そう、上機嫌は、美容法のひとつでもあるのです。

# 「まな板の音で、女の

# 13

## 「肌をほったらかしにしているひとは信用できない、肌に必死になっているひとはもっと信用できない」

「肌をほったらかしにするひとは、ひとにどう思われようと関係ないという『厚かましさ』を感じるから信用できない。一方で、肌に必死になっているひとは、自分さえよければいいという『浅ましさ』を感じるからもっと信用できない」。昔、女優として活躍していたという美しい70代の女性に言われたことがあります。

大人の女性は、肌でひとと接しているのだと諭《さと》された気がしました。美しい肌を育てるには、知性と客観性も必要なのだ、と。

# 14

# って、失礼なこと」

「忙しいって、とても失礼なことなのよ」

年上の女性に、そう指摘されたことがあります。とても穏やかな声で、顔には笑みが浮かんでいたけれど、それが私に向けての苦言であることは、すぐに理解できました。そして、そのひとはこう続けたのです。

「自分では気づいていないと思うけれど、あなたに話をしていても、なんとなく『手応え』を感じないの。聞いてるふりをしながら、じつは聞いてない。心がこっちを向いてない、って思えてね」

もともと私自身、「忙しい」という言葉があまり好きではなくて、たとえ事実がどうであれ、できるだけ口にしないよう、態度に出さないよう、努力していたつもりでした。眉間にシワを寄せて、きりきりしている姿はあまり美しくないと思っていたから。まわりにばれていない自信があっただけに、余計に、この言葉が心に突き刺さったのです。

当時の私は、自分の実力やキャパシティを明らかに超えた仕事

「『忙しい』

量に追われていて、つねに頭の中で「段取り」ばかり考えていたような気がします。まず、これをして、あれをして、次に、あれをしなくちゃ、そうそう、これもしなくちゃ。あっ、そういえば、例の件はどうしたんだっけ……？　いつもいつでも仕事のことで、頭がいっぱい。そのときの私はきっと、無言で語っていたのだと思います。「今、私に話しかけないで」って。

打ち合わせでもインタビューでも、仕事終わりの雑談でも、もちろんプライベートの会話ならなおのこと、相手の言葉が脳の表面をするりと滑ってすべてすり抜けていたのじゃないか。その様子が、じつは相手には手に取るようにわかっていたのじゃないか。「あなたを受け入れる余裕はありません」と態度で訴えていたのじゃないか……。

あのときの自分に言い聞かせたい。忙しいって、失礼。まわりはみんな、わかってるよ、と。封印したい過去を思い出しては、自分を戒《いまし》めています。

# 15

# 「美しく老いるには、知性が必要なんです」

あるアメリカの演出家へのインタビュー。日本での舞台を演出するに当たり、当時、60代のふたりの大物女優を起用した理由を尋ねると、演技力や存在感は大前提だけれど、と前置きをしながら、「年齢を自然に重ねていて、とても美しいから」と答えてくれました。そして彼は、こう続けたのです。

「ハリウッドでは、ね。美意識の高い女性は大きくふたつのカテゴリーに分けられるんだよ。ひとつは『醜く若返るひと』、ひとつは『美しく老いるひと』。どっちがいいかって？　あなたなら、どうなりたい？」

美容＝アンチエイジング。若さこそが美しさ。今、私たちの「ベクトル」は、一様にひとつの方向に向いています。でも、どこかで「醜く若返る」という矛盾が起こることにも気づき始めているのではないでしょうか？　彼にこの究極の選択を迫られたとき、私は迷わず、後者を選びたいと思いました。

ちなみに彼は、こうも言いました。「美しく老いるためには、知性が必要でしょう？　だから、美しく老いる女性は魅力的なんだよ」

# 16

# 「美容は、女の『心の生死』に関わるもの」

美容編集者としての経験がまだまだ浅いころのことです。化粧品の最先端テクノロジーについて話を聞きに、大手化粧品会社の研究所を訪ねました。相手はこの研究所の所長、当時50代半ば過ぎの男性。まるで科学の授業のような取材を終えたあと、ほっとした私は、ふと「なぜ、このお仕事に就かれたのですか？」と聞いてみました。男性なのにどうして、化粧品に興味を持ったのか、単純に知りたいと思ったから。

「子供のころ母が、どんなに忙しくてもどんなに怒っていても、鏡台の前に座ったときだけは必ず微笑んでいたのが印象的で。クリームや口紅に触れると、表情が輝くんです。幼いながらも化粧品って不思議だなと感じて、思えばそれがきっかけかもしれませんね」

裏に、こんな温かい思いがあったんだと、正直驚かされました。

当時の私は、美容は義務、美容は科学、どこかそうとらえていたから、ある意味「人間臭い」理由がとても意外だったのです。そして彼は、こんなことも教えてくれました。

「病気で表情を失った年配の女性が、口紅をひと塗りするだけで、目に力がこもり、口角が上がるというケースがあるんです。薬では治らないのに、化粧品が一瞬、表情を呼び戻すんですね。この事実を目の当たりにしたとき初めて、美容は医療と肩を並べるものだと確信しました。美容は確かに生き死にには関係がない、でも、女の心の生き死にに関わるものだって、ね。本当の意味で、この職業に誇りを持てた気がしたんです」

この言葉が、全身の毛穴からしみ込んでいくような気がしました。これが、美容の本当の意味と価値を知った瞬間。今も私のすべてを支えています。

# 17 「『女の靴』は、『男の車』と同じ」

なにげなく観ていたバラエティ番組。「結婚できない女の生態」というようなテーマに、つい見入ってしまいました。男性識者、コメンテーターたちが、ひとつ、またひとつと結婚に不向きな条件を挙げるたびに、男性は女性の意外な部分を見ているものなのだと、自分に置き換えて焦ったり反省したり……。中でも、いちばんどきっとさせられた条件が、「個性的な靴を履いている人」。えっ？　どういうこと？

「個性的な靴を履き、そのブランドやものの蘊蓄《うんちく》を語る女性は、まるで、派手なスポーツカーを乗り回し、自慢する男性のようなものである」というのが、その理由でした。自分勝手で見栄っ張り、そしてナルシスト……このたとえに、深く納得したのです。

靴は車同様、道具であり、ファッション。同時に、ライフスタイルからステイタスまですべてを雄弁に語り出すものでもあります。いや、語り出すというより、語らせるものなのかもしれません。だからでしょう。ともすると、「人と違う私」「センスがずば抜けている私」「お金をかけている私」を主張してしまったりもします。

じつは私自身、かつて、個性的な靴に惹かれ、それを基準に選んでいた時期がありました。似合うかどうか、歩きやすいかどうか、全身のバランスはどうか、まわりにどう見えるか、は二の次、三の次。それより、ブランドとしてのユニークさや話題性がある靴のほうが、おしゃれに見えるはず……そう思っていた自分がとても恥ずかしくなりました。

以来、靴選びは「上質なオーソドックス」が基本。洋服もメイクも髪型も同様に。「女の靴は男の車のようなもの」と、ずっと自分に言い聞かせています。

# 18

# 「『つくり笑い』は、大人の万能薬。体を変え、肌を変える」

笑いの効果はもう、常識だと思います。ホルモンが分泌されたり、免疫力が高まったり、自律神経のバランスが整ったりと、いいこと尽くし。医学的に、証明されつつある事実です。たとえそれが、つくり笑いであっても。

ある脳科学者の男性が、こんなふうに語っていました。

「楽しいから笑うのか、笑うから楽しいのか。じつは後者が正しいんですよ」

たとえば、すねをぶつけるという刺激が先で、脳が痛いと感じるのがあと。漠然と、脳の指令に従って体が動くような気がしていましたが、じつは、体の動きに脳がついて行く、そんな仕組みになっていると言います。笑いという刺激が先、脳が楽しいと感じるのがあと、という具合に。

つくり笑いは、大人にとって万能薬です。だから誰に対しても、どんな気分でも、いつでもどこでも、つくり笑いしてみること。エレベーターですれ違ったひとにも、スーパーで会計をしてくれたひとにも笑いかけてみる、すると脳が変わり、心が変わる。体が変わり、肌が変わる、そんなことが起こり得るのです。

# 19

「肌はあなたが
一生かけてつくる、
たったひとつの
『作品』です」

「何があっても、取り替えたり、買い替えたりすることはできない。毎日毎日手間をかけて、長い長い時間をかけて、じっくりと完成させるたったひとつしかない作品なの。だから、肌に人生が表れるし、肌に人格が表れるのよ」

ある美容の大家にこう言われ、なんだか急に、自分の肌が愛《いと》おしくなりました。もっと大切にしなくちゃ、もっと好きでいなくちゃ。美容を諦めそうになるたび、この言葉が気持ちをきりりとさせてくれるのです。

# 20

# 「そのひとに惹きつけられるかどうかは、目の『キャッチ』で決まる」

あるカメラマンにこう言われたことがあります。

「そのひとに惹きつけられるかどうか、それは目の『キャッチ』で決まるんですよね」

キャッチとは、『キャッチライト』の略で、撮影のとき、瞳に映り込ませた光のこと。キャッチがあると、生き生きとした輝きのある表情になると言われ、撮影のときは、照明やレフ板を利用して光をつくります。ところが、中には、それと同じような光を自ら放っているひとがいると、彼は言ったのです。えっ、どういうこと？

「その秘密はとてもシンプルです。目が光を放っているのは、心の底から、まっすぐに目線を向けてくれるひと。すると、不思議とそのひとに『生命力』を感じる。だから無意識のうちに、惹きつけられるんだと思います」

男女問わず、関係性を問わず、まっすぐな目線には、「あなたに興味がある」「あなたを信頼している」「あなたを理解したい」……そんな思いを感じるもの。だから、まっすぐな目線を向けられたこちらも、同じようにまっすぐ見つめてしまう。結果、あの光を感じるのではないでしょうか？

そういえば、フェルメールの名画『真珠の耳飾りの少女』は、この技法を初めて用いたものなのだと言います。清潔感と艶やかさが共存するあの生命力は、目の光によるもの。若々しく見せるポイントは、意外にも、ここにありそうです。

ちなみに、瞳が光を放つと、不思議と、肌や髪の「粗《あら》」に目が行かないもの。相手をまっすぐに見つめるだけで、瞳の光が老化のサインをカモフラージュする、大人には、そんなメリットもあるのです。

# 21

「『波乱万丈』の肌は、『順風満帆』の肌より、老けやすいんです」

ある化粧品会社の女性にインタビューしたとき、こんな話を聞きました。

乾燥、肌荒れ、ニキビ、かゆみに痛み……トラブルに見舞われるごとに、細胞はエネルギーを使って修復しようとします。でも、エネルギーには限りがあるから、たくさん使う肌とさほど使わない肌では、見た目の「元気さ」に差が生まれるのは、当然のこと……。だから揺らぎやすい肌＝波乱万丈の肌は、揺らがない肌＝順風満帆の肌に比べて、疲れやすく、傷つきやすく、老けやすいのだ、と。

自分の顔を改めて観察してみました。このシミもこのシワも、波乱万丈が刻んだサイン。肌に申し訳ないと思いました。以来、もっと肌に愛情を持って、できるだけ「傷つけない」よう、心がけています。

年齢を重ねるほど、一発逆転を狙う「攻めるアンチエイジング」に目を向けがち。でも、もっと大切なのは、なるべくトラブルを起こさない、平穏な肌を目指すことです。肌に優しく触れる、毎日のベーシックケアを大切にする、いや、もっと言えば、食事や睡眠など当たり前を大切にすること……。

# 22

# 「大人の女の『色気』は『弱気』から」

ある俳優が「理想の女性」について語ったフレーズに、はっとさせられました。「弱気なひとがいい」。そして、当時40代だったある女優の名を挙げて、こう続けたのです。

「『私、40歳を過ぎてますけど、大丈夫ですか？』と一歩引くみたいな、謙虚な姿勢がなんとも色っぽい、と思ったんです」

女性の私も、その意味がわかる気がしました。知らないがゆえの若さの強気と、知りすぎたがゆえの老いの強気。どちらにもきちんと距離を置き、立ち位置を見極めながら人間らしく生きている彼女には、同性から見ても、奥行きやニュアンスを感じるから。

若さに負けないと頑張りすぎることも、もう歳だからと開き直ることも、色気を遠ざけるばかりなのだと思います。肌に自信がなかったり、体型に自信がなかったり……そんな現実も、ときに奥行きやニュアンスに変わり、魅力になることがある。そう思うと、年齢を重ねるのが少し、怖くなくなるのです。

# 23

# 「『大好き』と『好き』しかない人生が最高」

ある柔道家の男性が、食べ物の好き嫌いを問われ、「この世に、大好きなものと好きなものしかありませんから」と一言。そのひとの笑顔がとても優しく、人懐っこい印象なのは、そのためなのだと思いました。この世に「嫌い」がないひとって、なんて素敵なのだろうと感動したのです。

以来、私はこのフレーズを真似して、ことあるごとに使っています。食べ物だけじゃなく、ひとに対してもそう思える人生でありたい、と思いながら。

# 24

# 「とことん『重厚』なひとが美しい」

能楽師と結婚した友人がいます。その結婚式に参列したときに出会った言葉です。主賓である能楽師、人間国宝の祝辞でした。

「芸の世界では、『軽妙』は、とことん重くなった芝居の中にちょっとした軽やかな洒落《しゃれ》が入ることを言います。軽さばかりでは、軽さは妙でもなんでもない。だから、とことん重くなりなさい」

今という時代、「重さ」は嫌われ、何かと軽やかさが求められます。重い＝「イタイ」とか「ウザイ」とか。でもじつは、重さを嫌っていては、決して軽さは生まれません。軽いだけでは美しさから遠ざかるばかりなのだと気づかされたのです。

たくさん感じて、たくさん考えて、たくさん悩んで、たくさん立ち直って。経験と知恵を積み重ねて重くなった大人がふと力を抜いたとき、初めてそれが軽妙となって美しさに変わるのです。

# 25

「魅力的な唇のためには、
優しい言葉を紡ぐこと。
愛らしい瞳のためには、
人々の素晴らしさを
見つけること」

つとに有名な、オードリー・ヘプバーンの言葉です。この言葉に出会ったころ、生き方が見た目に表れるのだと、衝撃を受けたのを覚えています。そして、今。この言葉が真実であることを、身を持って感じています。感情的な一言を口にした瞬間の唇は、口角が下がり、相手への怒りや不満を抱いたときの瞳は、刺々《とげとげ》しい。年齢を重ねた分だけ、大人の唇と瞳は、その時間をどれだけ溜め込んできたかを如実に語り出すもの……。だから、言葉にする前に、相手に瞳を向ける前に、今一度、自分に問いかけています。その言葉は優しいか、相手の素晴らしさを見つけているか、と。

第二章

# 見る〜美人の「法則」を分析する

# 26

# 体重より軽く見えるひと

「『ピンヒール』が可哀そう、そう見える女のひとっているでしょう？　体が重そうで、細いヒールがその重みを支えきれず、折れちゃうんじゃないかって、はらはらさせられるひと……」。辛辣《しんらつ》ながら、核心を突かれた気がして、思わず失笑。自分のことを棚に上げ、友人の言葉に深く納得させられました。確かに、そう見えるひとっている。

ただ、そう見えるか否かを決めるのは、実際の体重が重いかどうかじゃないということを、私たちは心のどこかで知っています。見た目体重は、立ち居振る舞いの重さで決まっているのだということを。

座るときは「どすんっ」。歩くときは「ばたばたっ」。階段を下りるときには「かんかんっ」と音が鳴り、荷物を置くときにも「どんっ」と音が鳴る。ボディタッチは「ばしっ」、Suica《スイカ》のタッチも「ばんっ」、おまけに声まで大きい……。するとなぜか、そのひとは重く見える。たとえば、ぴんと背筋を伸ばしたまま静かに座ると引き締まって見えるけれど、だらりと力を抜いて体重を預けたまま座ると体が肥大して見える……ということが起こりうるのです。そう、それは、立ち居振る舞いががさつだったりだらしなかったりすると、体重は2割増し、いや2倍にだって見える可能性があるってこと。

美しいひとを思い浮かべてみると、その差がよくわかります。つねに自分の重みを意志と筋肉の力で支え、全体重を預けることがないからなのでしょう。動きが緩やかだし、音がしない。結果、立ち居振る舞いが軽やかに見えていたのです。

今、大人の女性に必要なのは、もしかしたら、ダイエットよりも日常のなにげない動きをエレガントにする心がけなのかもしれません。自分の体重を「野放し」にせず、自分で支えるように意識するだけで、印象が変わり、実際より体重がずっと軽く見えるはず。同時に、ハイヒールで美しく歩くことが筋トレにつながるように、エレガントな動きは筋トレになり、体が少しずつ整っていく……そんなメリットもあるのです。

# 27

# 「無造作」でも疲れて見えない、

ニュアンスを含ませたヘアスタイルのつもりなのに、「毛先、乾燥してますね」と言われる。スタイリッシュなつもりで巻いたストールなのに、「急いでた？」と言われる。大人の「無造作」は、一歩間違えると、「くたびれ」や「だらしなさ」に見えます。

一方、シワひとつない白シャツにかっちりしたスーツが野暮ったく見えたり、アイラインとマスカラでつくった目力《めぢから》が目元のシワを強調したり。「きちんと」もまた、「貫禄」や「痛々しさ」になる危険性があります。

じつはどれも、私自身が経験した失敗です。私がはっとさせられる美しい大人の共通点は、無造作がうまく、きちんともうまい。それを忠実に真似したつもりなのに、どうし

# 「きちんと」でも野暮に見えない

て……？

あとでよくよく考えてみると、美しい無造作は、年齢とともに失われた「清潔感」を補って初めて成立するし、美しいきちんとは、年齢とともに溜め込んだ「重量感」を取り去って初めて成立するもの。無造作でも疲れて見えない、きちんとでも野暮に見えないひとは、他人に見えないところで、年齢感を上手になじませるための「知恵」を持ち、「工夫」をしていると気づかされたのです。そうでないと、途端に大人の女を老けさせることをよく知っているから。

無造作もきちんとも似合うひとは、自分の老化をまっすぐ受け止め、客観的に分析できるひと。だから美しいのです。

# 28

# 空が好きなひとには美しいひとが多い

「お休みの日の夕方、商店街で夫と食材の買い出しをした帰りに、ふたりで観る夕陽が、最高に綺麗なの。あの景色、たぶん、一生忘れないと思うなあ。夫もそうだといいんだけど」という言葉で、結婚の価値を教えてくれたひとがいました。

「朝陽が上るのを眺めながら、エクササイズをしたり、手紙を書いたりする、ひとりの時間。眩しい光に包まれたときに子供が目覚める……かけがえのない、幸福の瞬間です」という言葉で、子育ての豊かさを教えてくれたひとがいました。

ふたりとも、押しも押されもせぬ、人気女優。ふたりの美人に共通していたのは、「空が大好き」ということでした。空が大好きなひとって、美しい。見た目の美しさは、こんなピュアで温かい感覚から生まれるのだと、改めて確信したのを思い出します。

落ち込んだとき、空を見上げると「何とかなる」と思えたり、澄み切った青空を見たときに「何かいいことがありそう」と思えたり、曇り空だと時間がいつもよりゆっくりと流れている気がしたり……。私自身、子供のころは当たり前だと思っていた空が、つねに寄り添い、ときに励ましたり、ときに癒やしてくれたりする偉大な力を持っていることに、大人になって気づかされました。以来、いつもいつでも、空を見るよう心がけています。

そういえば以前、化粧品会社のひとに、「顎《あご》を1センチ上げるだけで、顔が受ける光の量が変わります。顔中の影が飛んで、肌が綺麗に見えるんですよ」と言われたことがありました。空好きはきっと、顔が上向き。空好きほど、光を浴びる量が多いから、肌も綺麗。ここにも美しさの秘密があるのかもしれません。

29

# 痩せ体質をつくる習慣

「お風呂博士」と呼ばれている男性に教わって以来、入浴への意識が180度変わりました。お風呂はどんな運動より、どんなマッサージより、「痩せ体質」をつくる習慣。その理由は、効率的に血液を巡らせることができるからなのだそうです。

血液は、酸素や二酸化炭素、栄養分、ホルモン、免疫物質などを全身に運搬すると同時に、全身の毒素や老廃物を排出します。血液をきちんと巡らせることが、すなわち真のデトックス。それができて初めて、余分なものを溜め込まない「痩せ体質」になるというわけです。

お風呂に浸かると、およそ1分に1周、心臓から末端の血管まで血液が巡るそうで

# お風呂は、どんな運動より

す。10分なら10周、20分なら20周。全身浴は半身浴より効率的。そのためには、心地よく浸かっていられるぬるめの温度が理想的。こんなに手軽で、効果的な血液を巡らせる方法は、ほかにありません。

「何か運動しなくちゃ」「食事にもっと気を遣わなくちゃ」、それはもちろん、大切。でもその前に、「ちゃんとお風呂に入らなくちゃ」。この習慣を実践してからというもの、確かに睡眠が変わり、体温が変わり、顔色が変わりました。

　思えば、私の知る美人たちは、必ずと言っていいほどお風呂をきちんと活用しています。習慣の差こそが、美しさの差。大人になるほど、それが真実なのです。

# 30

# 「女の料理」には、センスと運動神経が試される

以前、あるテレビ局の女性に、「美人すぎる料理研究家は、成功できない」と聞いたことがあります。私たちは同性として、「美しさ」にジェラシーを感じ、「料理上手」にもまたジェラシーを感じる。そのふたつを兼ね備えていればなおのこと、「敵《かな》わない」という敗北感を抱く……。だから、女性は、美人すぎる料理研究家を認めないのだ、と。

料理は一般的に、同時にいくつものことができるという「女性脳」が向いていると言われます。これより先にあれをして、あれをしながらこれをして、冷たいものは冷たく、温かいものは温かく。もちろん、味や彩りは言わずもがな。それを鮮やかにできるのは、脳が女性らしくできているということの証。つまり、料

理はおそらく、女性が生きるうえでの「センス」と「運動神経」を試すものなのでしょう。料理上手を、女としてランクが高いと認めざるを得ないのは、きっとそのため。男性たちが料理上手を理想の女性の条件に挙げるのも、同じ理由ではないでしょうか？

女性がよく「車の運転がうまい男性に惹かれる」「車を運転している男性が色っぽい」などと言うのを耳にしますが、それはたぶん、運転には、空間を把握する能力など「男性脳」を使うから。つまり、脳が男性らしくできていて、男性が生きるうえでのセンスと運動神経を備えている証だと思っているのです。男性が運転の腕前にジェラシーを感じるかどうかはわからないけれど、私たちが料理に対してそうであるように、車の運転は上手でありたい、女性の前では特に、うまく見せたいと、男性たちは望んでいるはずです。

ちなみに、料理も運転も、持って生まれた向き不向きもありながら、回数を重ねれば重ねるほど、経験を積めば積むほどうまくなるものだと聞きました。できるだけ料理のうまい女になる、そのための努力をする。それもまた、大人の女を美しくするひとつの方法だといえそうです。

# 31 顔や体型を凌駕《りょうが》する、美の「オーラ」のつくり方

そのセレクトショップは、大人の美人が集《つど》うことでつとに有名。顧客の中には、女優やモデルも名を連ね、私も何度か、偶然出くわしたことがあります。彼女たちは、すぐにそのひとと認識できなくても、知らず知らずのうちに、存在に気づかされる。それは、「オーラ」を放っているからです。

「あのひとたちには、言葉にできないオーラがあるんだよね」、私が溜息混じりにそうつぶやくと、スタッフの女性が、一言、意外なことを言い出しました。

「いえいえ、オーラって、言葉にできるものなんです」

説明がつくってこと？　じゃあ、オーラの正体とはいったい……？

「オーラとはハリ、艶、血色でできているんです」

確かに生まれつき美の才能を持っているひとたちだけれど、それなら、ほかにもごまんといると、彼女は言いました。

「彼女たちを観察していて気づいたんですが、オーラは、そのひとがどれだけ生き生きと生きているかで決まると思うんです。好奇心に満ち溢れているから、自分も楽しそうだし、まわりも楽しい気持ちにさせる。つまり、心のハリや艶、血色がそのまま肌に表れているひとが、オーラを放っているんですよ」

深く納得させられました。その日から、すべてを顔形や体型のせいにしないと心に決めました。

オーラを放つには、生き生きと生きること。もちろん、せっせとスキンケアすることも、オーラをつくると肝に銘じて。

# 32 トレンドを、「知性」で無視できる

　スタイリストの女性が以前、こんなふうに語っていました。おしゃれになるために重要な要素のひとつは、「世の中を知ること」。政治や経済、社会や自然……世界で起きていることが、そのまま時代の気分になり、自《おの》ずとファッションが見えてくるのだ、と。だから、時代と「呼吸」している女性ほど、トレンドには敏感なのです。

　ただ、そのトレンドが年齢や体型や個性を含めて自分に似合うかどうか、自分のライフスタイルに必要かどうかは、また別問題。その見極めこそ、センスの見せどころなのだと、彼女は言います。

　トレンドを全身の感覚で感じ取れるのも知性、あえて冷静に無視できるのも知性。知性なくして「おしゃれ上手なひと」は、ありえないのです。

# 33
# 女を醜くする言葉が会話を尖《とが》らせていく

「でも」「だって」「どうせ」……これほど、女を醜くする言葉はない。取材でお目にかかった美容の大家にも、女性の好みを伺った俳優にも、そういえば学生のころ、親友のお母様にも、そう言われました。拒否も言い訳も卑下も、相手の気持ちをざらつかせ、会話が次第に尖って冷ややかになっていく場合があることを、大人は経験から学んでいるはずです。

思えば、一緒にいて心地いいひとは、まったく逆。肯定の言葉から会話をスタートさせているという共通点があります。会話を「上向き」にするも「下向き」にするも、選ぶ言葉次第。ほんの少しの意識で変わっていくものなのです。

# 34

# 「白」と「黒」を どんな鮮やかな色より 派手に着られる

会うと、はっとさせられる大人の共通点。それは、驚くほど「白」と「黒」が似合うことです。もっともベーシック、かつシンプルな色なのに、どんな鮮やかな色よりも「派手」に着ている大人に、私はジェラシーにも似た強い憧れを抱きます。それはなぜなら、私自身が、これらの色に裏切られた経験があるから。

白の洋服を着れば、誰もが簡単に清潔に見えると、ずっと思っていました。同じように、黒の洋服を着れば誰もが簡単に、艶っぽく見えるとも思っていました。ところが、30代半ばを過ぎたある日、そんな自分の中の「常識」が覆《くつがえ》ったのです。白がだらしなく見え、黒が安っぽく見えた……いったい、なぜ？

鏡の中の自分を分析してみました。年齢を重ねると、顔の中にある白と黒とのコントラストが弱まります。肌色がくすんだり、濁ったり。髪は白髪になったり細くなったり。白目や歯が白くなくなり、黒目やまつ毛が黒くなくなる……すると、それまで似合っていたはずの白や黒が、大人の弱点を悪目立ちさせることに気づかされたのです。大人になったら、自分自身の顔が持つ白と黒をきちんと保つケアやそれをカモフラージュするメイクを心がけること。同時に、白と黒の「質感」を吟味して、自分との相性のよさを徹底的に追求することが大切なのだと改めて感じました。

白の洋服が清潔感で溢れ、派手に見えるひとは、自分の中にある白を白くキープしているひと。黒の洋服が艶やかさに溢れ、派手に見えるひとは、自分の中にある黒を黒くキープしているひと。そして、自分を客観的に見つめ、知恵を持って工夫をしているひと……。

# 35

# 噂話や悪口をにこやかに流せる

あるヴァイオリニストの女性が、こんなふうに語っているのを耳にしました。

「噂話や悪口には、『は・ひ・ふ・へ・ほ』で答えるといいんですよ」

噂話や悪口の「輪」に入って、少しでも同意したように見えると、「○○さんが、こう言っていた」と名指しでその張本人にされてしまうことがある。かといって、あからさまにその場を離れることも難しい。そういう場面、大人なら誰しもあるはずです。だから、輪の少し外で、「はーっ」「ひーっ」「ふーん」「へーっ」「ほーっ」と言って、さらりと流すのがいい……。このうえなく、痛快な気分になりました。この方法なら、噂話も悪口も会話の「表面」をつるつると滑り落ちて、なかったことになりそう。このひとのぶれない生き方と、そこはかとない明るさがにじむエピソードです。

堅苦しい倫理や正義を振りかざすつもりはないけれど、噂話も悪口も、やっぱり時間の無駄だし、心や表情をくすませるだけだと思います。誰も傷つけないで、もちろん自分も傷つかないで、にこやかにやりすごせる、それも大人の条件のひとつ。

# 36

# 声が美しい、字が美しいひとが感じさせる、「奥行き」

電話の声で、美人を想像すること、ありませんか？　手紙の字で、美人を想像すること、ありませんか？

声も字も、顔や体と切り離された状態で、誰かと接する可能性があるものです。だから、どちらも、耳や目に触れた「感触」で年齢や性格、美醜まで、ひととなりを想像させる、とてつもない力を持っているのだと思います。声や字の向こうに美しさという「奥行き」を想像させる大人は、それまでの人生、「丁寧に話す」「丁寧に書く」という日常を繰り返してきた証。本物のいい女に違いないのです。

37

# 手土産上手

そのひとは毎年、私の誕生日を覚えてくれていて、温かい一言とともに、ちょっとしたプレゼントをくれます。それだけではありません。特別な日じゃなくても、「料理、楽しんでね」と珍しい調味料をくれたり、「美味しかったから」とわざわざ取り寄せた食材をくれたり、はたまた「風邪ひかないでね」と湯たんぽをくれたり、「仕事に役立つんじゃない？」と私の好みの本をくれたり。ときどき「いい話、見つけました」と、新聞や雑誌の切り抜きが添えられていることもあったり、仕事中、「みなさんでどうぞ」と、話題になるようなスイーツを差し入れしてくれたりして……。そのたびいつも、私は心の底から「興奮」させられるのです。

このひとはきっと、いつでもどこでも、誰かの顔を思い浮かべ、喜ばせたいと思いながら、毎日を過ごしているのだと思います。だから、いつも笑顔。だから、いつ

# 贈り物上手、

も人気者。こんなに美しいひとはいない、そう思ってしまうのです。

じつは、そんな彼女に感謝をし続けるうちに、次第に自分が変わったのを実感しています。休日に街を歩いているとき、夜、美味しいものを食べているとき、ユニークな雑貨を見つけたとき、気持ちのいい化粧品に出会ったとき、彼女の顔が思い浮かぶのです。「あっ、これ、喜んでくれるかも」と。最近では、私の「贈り物心」「手土産心」が育ったのか、彼女に対してだけでなく、身近なひとたちの顔を思い浮かべては、私まで笑顔になっていることに気づかされました。

贈り物も手土産も、相手を喜ばせ、ちょっとした幸せをもたらしてくれるもの。でも、贈るほうも、同時に、同じ気持ちになっている……。贈り上手な大人が光を放っている理由は、ここにあるのだと思います。

# 38

# いい匂いは、そのひとの「幸せの匂い」

朝目覚めると、挽きたてのコーヒーの匂いが漂い、夜帰ってくると、美味しそうな料理の匂いが漂ってる。そのひとが出かけたあとには、香水の匂いが残り、疲れて眠る前には、キャンドルの匂いが残ってる……私がもし、男性だったら、そんな空間で暮らしたいと思います。

いい匂いは、幸せの匂い。まわりを思いやり、暮らしを慈しんでいる証。私も、いい匂いのあとに次々といい匂いがやってくるような日常を、心がけたいと思うのです。

39

# ひじ、かかとまで顔なみにしなやか

インタビューを終えたとき、女優のそのひとは、「今日はどうも、ありがとう」と言って私に握手を求めてくれました。ずっと憧れていたひと、どきどきしながら手を差し出してみると……。えっ？　何、これ。ふわっと柔らかくて、しっとりと吸いつくよう。同じ手とは思えない感触に、一瞬、言葉を失いました。そして、同時に思ったのです。ああ、私の予想は的中してた、って。

じつは、その日、取材のテーマは「引き締まったボディを保つ秘訣」。そのひとは、体のラインに沿うノースリーブのトップスにくるぶしまでのシンプルなパンツという装いで、毎日続けているというストレッチを撮影現場で実践してくれました。余分な贅肉のない引き締まったボディラインにも、ひざに顔がついてしまうほどの柔軟性にも感動したけれど、何より私の目が釘づけになったのは、ひじとかかと。シワもかさつきも黒ずみもまったくなく、ほんのりピンク。触れたら、赤ちゃんのように柔らかいんじゃないか……？　そう思っていたのです。

美しいひとは見えないところまで、顔なみにしなやかなのだと確信しました。360度どこから見られてもいいように、きちんとケアが行き届いているから。あの手の感触を思い出しながら、ひじにかかとにと、私もせっせとクリームをのばす毎日です。

# 40
# いつでもどこでも、素足になれる

友人と訪れたセレクトショップ。デニムパンツが欲しいという彼女につき合い、私は試着室コーナー横のベンチシートに座っていました。すると、隣からどこかで聞いたことのある声。なにげなく視線をずらすと、圧倒的なオーラに包まれた女性がいました。それは、当時50代ながら、愛らしくて色っぽいと評判の女優。お嬢様と思《おぼ》しき女性とふたりで、ショッピングを楽しんでいたのです。

そのひとはちょうど、試着室から出てきたところで、ひざ上10センチほどのミニスカートをはいて、「どう思う？　脚、出しすぎかなあ」と迷っている様子。でも、お嬢様にはとても好評で、とても似合っているように私にも見えました。が、それ以上に私が感動したのは、何より素足の美しさ。無駄な肉がなくすっきりとしたひざ、すーっと細く長く伸びたひざ下。そして、白く潤った素足の肌感……毎日顔と同じように丁寧にケアされているであろう素足が眩しく映ったのです。

たとえ試着であっても、私ならあのミニスカートをはく勇気がない、素足は人前に出せない、そう思いました。百歩譲って、はくまでに「時間が欲しい」と思うだろう、って。肌はかさかさしてなかったっけ？　むだ毛の処理は大丈夫かな？　かかとは？　足の爪は？　一枚のスカートを纏うまでにしなくてはならないことが山ほどある、と焦ったのです。

大人になると、普段見せることがないだけに、ないがしろにしがちな素足。だからいつでもどこでも、素足になれるのは、後ろめたさがない証拠なのだと思います。後ろめたさをひとつずつ消していく、誰に見られても焦らないように。じつはそれが、大人を美しくする近道なのかもしれません。

# 41
# 「気が利く」「気が利かない」を、自在に演じ分けられる

いつもは率先して飲み物を入れ、「どうぞ、お砂糖とミルクはいかが？」と差し出してくれる。でも、ときどき、「ごめんね、甘えていい？」とその役割を私にまかせて、お代わりを求めるときがある。そのひとは、状況を判断してつねに先回りし、私に恥をかかせないよう、私に花を持たせるよう、自分の立ち位置を変えているのです。それに気づかされたとき、このひとがいると、なぜ場の空気がまろやかになるのか、わかった気がしました。気が利かない自分をも演じることができる、それが本当に、気が利くってことなのだ、と。

42

# 「捨てる」「断る」の決断が早い

読み終わった資料は捨てる。似合わないとわかった洋服は手放す。気が向かない食事の誘いは断り、効果を実感できないエクササイズはやめる。とにかく決断が早い友人がいます。それに比べて、私は、また必要になるかもしれないと不安になったり、来年は着られるかもしれないと迷ったり。なんとなく断れないし、なんとなくやめられない。彼女は年齢とともに軽やかになり、私は溜め込み、抱え込んで、重くなっていく……その差を感じていました。

決断する彼女と決断できない私の差は、たぶん、自由度の差。迷いを繰り返す時間、その間必要のないものを置いておく空間も、決断を先送りしなければ、もっと自由になったはずです。

決断は訓練、今までより早く、次はもっと早く。意識しているうちに、自分が少しずつ軽やかになると信じて。

# 43 内容もタイミングも、「報告上手」

客室乗務員として乗務し始めた新人のころ、何度も何度も繰り返し叩き込まれたことがあります。それは「報告上手」になりなさいということ。飛行機という狭い空間の中で、しかも限られた時間の中で、決められた仕事をこなしていく職業だから、自分が今何をしているか、相手に今何をしてほしいのかを無駄なくコンパクトに、相手の動きを邪魔しないタイミングで、逐一報告し合わなくてはなりません。これをした、あれをしていないというのを互いにクリアにして、パズルのように埋めていかないと、もれやダブリが生じるため、より厳しく求められたのだと思います。

そんなふうに叱られたことを最近よく思い出すのは、新婚の友人家庭を訪ねたのがきっかけでした。そこで気づいたのは、結婚したばかりのふたりの互いの報告ぶり。キッチンでご主人が「後ろ、通るね」と言えば、彼女が「お皿はもう、並べたよ」と言い、ご主人が「ビール、野菜室に入れといたよ」と言えば、彼女が「今、包丁使ってるから気をつけてね」と言う。そのたび、返事をしたり、お礼を言ったり。その様子がなんとも微笑ましい。あとで彼女にふたりの関係がうらやましいと話したら、こんな答えが返ってきました。

「細かく報告すると、『ぶつからない』んだよね、物理的にも、心理的にも」

動きや気持ちを報告し合うと、不思議なことにいらいらしないし、喧嘩にもならないのだと言う彼女。私の経験を話し、ふたりで盛り上がりました。「仕事でもプライベートでも、報告って大事よね」

「報告上手」はまわりとの関係をスムーズにする。だからこそ、大人のいい女は、「報告上手」なひとが多いのです。

# 44

# 得意

仕事仲間のひとりに、とても説得上手な女性がいます。つねに穏やかでにこやか、一見、おっとりしたタイプなのに、ふと気づくと、まわりを説得し、味方につけ、するすると思いどおりに仕事を進めてる。ひととしての魅力や静かな情熱、フレキシブルな姿勢など、彼女が優れているポイントは挙げればきりがありませんが、そのいちばん大きなものに、「工夫」のうまさがあると思います。「たとえば……」と、的確なたとえ話を並べ、相手に具体的にイメージさせる。私自身、彼女と話していると、いろいろなことがとても理解しやすいと感じます。だから、彼女の言うとおりにしてみよう、そのほうがきっと、いい結果が待っているに違いないと、素直に思えるのです。

じつは、こんな話を聞いたことがあります。ひとは経験を積み重ねるたび、そこで得られたことを脳の中

# 説得が

の「引き出し」にしまう。年齢を追うごとに、その引き出しは次第に増えていく。大人のほうが「たとえ話」がうまいのはそのためなのだそうです。美容の仕事に携わっていることもあり、加齢で失われるものばかりに目を向けがちだった私が、増えていくものがあると知ったとき、とても嬉しくなったのです。この話を思い出し、彼女の素晴らしさがよりクリアにわかった気がしました。彼女はたくさんの経験を積み、その都度、感じ、考え、きちんと整理して、引き出しにしまっている。引き出しが誰より多いから、あんなに説得がうまいのだ、と。

自分の思いをまっすぐに伝え、深く納得させ、気持ちよく受け入れさせる……それは、きっと、豊かな経験を積んだひとほど、得意。大人のいい女の条件はここにもありました。

45

# 挨拶が爽やか、雑談が軽やか

そのひとと行動をともにすると、何度もはっとさせられます。カフェに入ると「おはようございます！」、ショップに立ち寄ると「こんにちは！」、ディナーに行くと「こんばんは！」と、必ず爽やかに挨拶をする。そして、スタッフのひとたちに、「このコーヒー、すごく美味しい！」「このバッグ、素敵ですね」「このトマト、フルーツみたい」と自《みずか》ら言葉をかけ、軽やかに雑談し始める。そして、ひとつひとつの会話の最後に、丁寧に「ありがとうございます」。結果、その場をあとにするときには、スタッフのひとたちに愛されている……。そのたび、彼女はなんて魅力的なんだろうと、どきどきさせられるのです。彼女といると、心地いい。触れ合ったすべてのひとたちがそう感じているのではないでしょうか？

最近になって、もうひとつ、気づかされたことがあります。それは、彼女といると小さな知識が増えていくということ。挨拶で始まった雑談の中に、それらがたくさんちりばめられているからです。もし、彼女と一緒じゃなかったら、そこでのコミュニケーションは生まれず、知識も得られなかったはず、そう思うとなんだか得した気持ちにもなるのです。

挨拶も雑談も、相手に対して心を開いている証。彼女に影響を受けて、私も、いつでもどこでも誰にでも挨拶から、を心がけています。

# 46

早寝早起き、
でも、
ときどき夜更かし

私が憧れている、ふたりの美容のプロフェッショナル。共通しているのは、平日はいつも、誰より早寝早起きであること。次の日もまた次の日も、ペースを変えず、誰よりハードでタフな仕事をこなしています。

でも、休みの前日には、友人と食事をしたり、パートナーとお酒を嗜《たしな》んだりと、思いっきり夜更かしを楽しむ。ただし、どんなに夜更かしをしても週末はまた早寝早起きして、元のペースに戻す。それも共通しているのです。

ストイックすぎない、かといってだらだらと自分を許し続けるわけじゃない。その行動のメリハリが、彼女たちの体と心を健《すこ》やかに整えているのでしょう。だから、ふたりともいつも上機嫌。まわりまで心地よくさせるのは、そのためなのではないでしょうか?

自分を健やかにし、その状態を保つことも、大人の責任のひとつ。ふたりを見るたびに、そう思うのです。

# 47
# 「生活音」が柔らかい

カーテンを開ける音、ドアを閉める音、食器を置く音、キーボードを打つ音、化粧水でパッティングする音……毎日の「音」は、そのひとそのもの。音で本来の「性格」がわかったり、その日の「状態」がわかったり。じつは私自身、自分が閉めたドアの「ばたん」という、思いのほか大きな音に「あっ、私、今日機嫌が悪かったんだ」と気づかされることがあります。意識さえあれば、ドアを閉め終わるまで音を立てないようにするなんて、簡単なことなのに。

毎日一緒にいて心地いいひとはきっと、生活音が穏やかで柔らかか。誰も見ていなくても意識して暮らしているひとに違いありません。

# 48

# 落ち込んでも引きずらない、疲れてもくたびれない

「落ち込んだら、心のシャッターを閉めて、ほんの少しの間ひとりになるんです。そして、自分の中で『さあ、次』って前に一歩進んでから、夫や子供に顔を見せるように心がけています」。そう言った女性がいました。そのひとは、疲れたときも同じように、自分なりのリセット術で、家族やまわりにはその姿を見せない。だから疲れてもくたびれることがないのです。引きずらない、くたびれない、結果、存在がくすまない……このひとの顔色がいつも明るいのは、そのためなのだと思います。

# 49

# 家によく人が集まる

そのひとの家にいくと、普段の生活よりずっと、時間がゆっくり流れるのを感じます。彼女は細やかに気を配ってくれるのに、それが過度じゃない。私たちを適度にほったらかして、ちょっとだけ働かせてもくれる……。そして、誰よりそのひと自身がいちばん楽しそう。だから、とても居心地がいいのです。こういう空気をつくれるひとに、まわりが吸い寄せられるのは当然のこと。

ちなみにその家は、いつもすっきりと綺麗。いつひとが来てもいいように、こまめに整えられているからなのだと思います。家によくひとが集まるのは、美人の証。大人の女として最上級に違いありません。

# 50

# 褒め上手、けなされ上手

会うたび、私をさりげなく褒めてくれる友人がいます。「髪の分け目、いい感じじゃない？」とか「今日のニットの色、似合うね」とか、そんなささやかなこと。ところが、そのたった一言が、その日の私の気分を上向かせます。逆に彼女は、ちょっとした自分の弱点を上手に話題にし、私にも突っ込ませて、するりと笑いに変えてしまう。彼女と別れたあと、思うのです。また、このひとに会いたいって。

「褒める」も「けなされる」も度を超すと一転、違和感や不快感につながるもの。どちらも自然にできるひとは、人間関係をスムーズにする天才に違いありません。

# 51

# パートナーのことが大好きな人生と、そうでもない人生

「仕事の愚痴は、笑い話に変えられるまでは自分の胸に留めて、夫にはしないようにしているの」

ご主人と同業という彼女は、彼が仕事上の苦労を理解し、共感してくれるだけに、そのぶん、「一線を引く」重要性を感じているのだと言います。仲のよさがつとに有名なふたり、ずっと相性のよさをうらやましく思っていましたが、それ

以上に、つねにその関係性を保つ努力や心がけをしているのだと、いたく感銘を受けました。

彼女だけではありません。私が取材でお目にかかる素敵な大人の女性は、決まってパートナーのことが大好き。ごく自然な話の流れで、嫌みなくパートナーを褒めるのが印象的です。そして、本人はあまり自覚がないようですが、ふたりの関係にプラスのスパイラルを生むための、小さな努力を重ねているのが垣間見えます。「彼の前では、『忙しい』という言葉を使わないようにしているの」「週末は仕事の予定を入れず、必ず自宅で一緒に食事をするんです」「家事を積極的に手伝ってくれる彼に、洗濯と食器洗いだけは私の仕事だと言ってるんです。私のほうがうまいから、って」……。彼女たちの話は、聞いているこちらまで、気持ちが柔らかく温かくなるのです。

パートナーのことが大好きな人生と、そうでもない人生。大好きでいるように努力をする人生と、そうでもない人生。その差が、女性の人生のクオリティをも左右するのかもしれない。取材でお目にかかるひとから、身近な友人まで、彼女たちのパートナーとの関係性を知るたび、確信させられることです。

# 52

# 眉間のシワより
# 目尻のシワが深い
# ほうが美しい

縦のシワはネガティブなシワ、横のシワはポジティブなシワ、と言われます。怒ったり悩んだりしている時間が長いと、眉間に縦のシワができ、喜んだり笑ったりしている時間が長いと、目尻に横のシワができる。私自身、パソコンの前で一日を過ごしたのに、原稿が思うように進まなかった夜は、眉間のシワが深く刻まれています。それに対し、久しぶりに集まった仲間たちと美味しい食事を楽しんだあとは、目尻にシワができている……。どちらの毎日を積み重ねるかで、将来できあがる顔はまったく違うものになります。いつも楽しいことばかりとはいかない、大人の女の人生、でも、少なくとも縦ジワができる時間を減らし、横ジワができる時間を増やす努力はできるはず。

取材で出会う美しいひとも、電車で見かけたとおりすがりのひとも、目を引くひとの共通点は、眉間のシワより目尻のシワが深いこと。それはきっと、今までの人生、怒っている時間より、笑っている時間が長い証……。

# 53

## 顔を小さくする努力より、

私たちは身長や体重といった具体的な「数字」を気にしがちですが、じつは数字どおりにまわりの目に映っているわけではないことを知っています。隣に立ってみて初めて、そのひとが意外と背が低かったことを知るときもあるし、華奢だと思っていたひとが、とてもグラマラスだったことも……美しいひとに限って、そんな「ギャップ」があるのを感じるのです。

彼女たちの共通点は、自分が他人にどう見えているかを客観的に観察し、弱点を克服するよ

# 顔が小さく見える工夫

う、着こなしの工夫をしていること。なりたいイメージを明確に持って、そのために計算をしているということです。

　顔を小さくする努力よりも、顔が小さく見える工夫。ウエストが細くなくても、細く見えればいいし、脚が長くなくても、長く見えればいい……大人になればなるほど、形を変えようと躍起になるひとより、見せ方を自在に操れるひとに、知性と余裕を感じるのは、私だけでしょうか？　そのほうがきっと、毎日が楽しいはずです。

# 54

# 頬は筋肉。華のあるひとは、頬の位置が高い

遠目に思わず目を奪われる「華」のある大人の女性がいます。彼女たちに共通しているのは、シワやシミがあっても、少々たるんでいても、頬の位置が高いこと。頬に光が吸い寄せられるように集まり、まっすぐに反射されて、輝きを放っています。その輝きが体の奥深くから湧き上がる「生命力」を感じさせるから、目を引くのだと思います。

ちなみに、大人になってなお、頬の位置が高く見えるひとは、よく笑っているひとが多いのも事実。頬は筋肉。お尻の位置やふくらはぎの位置がトレーニングを重ねると上がるように、笑いというトレーニングを重ねれば、頬の位置が上がるということも、覚えておいたほうがいいかもしれません。

## 第三章

# 感じて、考える〜美人の「心得」

# 55

# エレガンスを奪う

「忙しいって、失礼なこと」と指摘された30代のころ、恥ずかしながら、私はよく遅刻をしていました。しかも、3分だったり7分だったり。相手によっては「大丈夫、大丈夫」「気にしないで」「そんなに待ってないよ」と優しく許してくれるような、微妙な時間。そのたび私は、なんてだめな人間だろうと落ち込み、毎回「ごめんなさい」と謝罪をしていました。でも、今思えば、口ではそう言いながら、心のどこかで「だって、私、忙しいんだもん」と自分に言い訳をしていたような気がするのです。

そんな自分の傲慢さに気づかされたのもまた、自分の忙しさがきっかけでした。打ち合わせの相手が待ち合わせ時間になって

# 「小さな遅刻」が

もなかなか来なかったとき、「宙に浮いた時間」で「これができたのに、あれもできたのに」とその時間を惜しいと思っている自分がいたのです。逆の立場に立ってみて、はっとしました。遅刻って、相手の時間を奪っているってことなんだ。それがたとえ、「小さな遅刻」であっても……。

以来、自分の忙しさをコントロールするのも、大人が備えておくべき知性や思いやりだと強く意識するようになりました。

そしてもうひとつ、気づいたこと。それは、ほんの少し時間に余裕を持つだけで、心が穏やかになり、表情も穏やかになり、結果、立ち居振る舞いがエレガントになるということ……。

# 56

# 「美しさ」は、「若さ」でなく「健やかさ」

「若い肌って、じつは、必ずしも美しいわけじゃないと思うんですよね」

10代からずっと第一線で活躍し続けている40代のモデルの女性が、メイクルームでふとつぶやいた言葉です。

「私、若いころ、『明日の肌のことは、明日の肌に聞いて』というほど、肌が不安定だったんです。生理前になると、ニキビや吹き出ものができ、ダイエットをすると顔色がくすみ、恋愛だの人間関係だのと悩んでは、肌が荒れて……体調や気持ちのアップダウンが、そのまま肌の調子の揺らぎになっていたんです。だから私の場合は、今のほうが肌は綺麗だと思います」

もともとプロ意識が高い彼女のこと、美しい肌でいなくちゃという意識は人一倍強く、「肌に悪いものは食べない」「夜7時以降は食べない」「撮影前日は10時までに寝る」など、自らたくさんのルールを課していたそうです。それだけに「こんなに努力しているのに、肌が言うことを聞いてくれないのは、なぜ？」と、肌の不安定ぶりに神経質になり、なかなか寝つけない夜は家族に当たったり、友達とも会わなくなったりして、もっと不安定になるという悪循環を自分で引き起こしていた、と彼女は言いました。

「30代になって、あるときふと気がついたんです。私が健やかな気持ちでいないと、健やかな肌にはなれない。私が幸せでないと、幸せな肌にはなれないって」

年齢を重ねて生まれた余裕がそう思わせたのでしょう。以来、よく食べ、よく動き、よく眠り、よく笑う……というシンプルなことを心がけるようになったそうです。10代より体が安定し、20代より心が安定し、次第に体も心も健やかになった。すると、知らず知らずのうちに、日々幸せを感じるようになった……その結果が、今の美しい肌。

じつはこんなふうに「今の肌のほうが綺麗」というひとは、彼女だけではありません。取材でお目にかかる大人の女性たちは、決まってこう断言します。美しさは、健やかさ。決して若さではない、と。

# 57

# 「好きな肌」を増やし、

「『肌が好き』だと思っているひとのほうが、スキンケアが丁寧なんですよ」

以前、化粧品会社のひとから、そう聞いたことがあります。改めて言葉にされて、腑に落ちました。それはなぜなら、私自身、今日の肌が「好き」なときと「嫌い」なときでは、スキンケアに対する「意気込み」も、肌に対する「優しさ」も、まったく違うから。

たとえば、あまりよく眠れなかった日の翌朝。一日中ハードな仕事に追われた夕方。遅く帰ってきて義務感でクレンジングした夜……鏡を見て溜息が出る、こんなときは、何もかも嫌になって、決まってスキンケアがなおざりになりま

# 「嫌いな肌」を減らす

す。逆に、よく眠れた日の翌朝やリラックスして過ごした週末の夕方、ゆっくり入浴したあとなど、少し「いい感じ」と思えただけで、俄然やる気になって、いつもより丁寧に、いつもより時間をかけて、スキンケアしたくなります。肌はそれをよく知っていて、手をかけられた分だけ応《こた》えようとする。その差は歴然です。

だから大人は、肌を好きと感じられる回数を意識して増やさなくてはいけません。毎日、鏡の前の自分に「今、好きな肌か嫌いな肌か」と問いかける。そしてもし、嫌いな肌だったら、塞《ふさ》ぎ込む前に、自分を労《いたわ》ること。ずっとずっと優しく接することが大切なのです。

58

# 体型を崩していく

ある調査によると、外国人男性の98%が日本女性を「KAWAII《カワイイ》」と思っている一方で、62%が「残念」と思っているポイントがあるそうです。それは、「歩き方」。中でも、もっとも残念なのは、「ハイヒールで歩く姿」で、「不格好」だというのが、その理由でした。

おっしゃるとおり。自分のことを棚に上げて言うなら、内股だったり、猫背だったり、膝が曲がっていたり、歩くたび大きな音をさせたり……。これでは、美しく見せるつもりで履いているはずのハイヒールが、まったくの逆効果です。

以前、モデルのパーソナル・トレーナーを務める女性にインタビューをした

# 不格好な歩き方が、

とき、じつは、不格好なのは見た目だけに留まらないのだと聞きました。不格好な歩き方をしていると、実際に、骨盤が広がってヒップがたるんだり、O脚になって変な筋肉や脂肪がついたりして、ヒップの位置や脚のラインが、ひいては全身の体型が崩れてしまうのだ、と。

ゆっくりでもいいから、体の末端まで意識を巡らせて、上手に歩く努力をすること。それだけで実際の体型よりも、ずっと綺麗に見せることは可能です。すると、知らず知らずのうちに、姿勢が変わり、体型が変わる、そしてあるとき、「体型は姿勢がつくる」という真実に気づかされるのです。

# 59

手が届かない、
目が届かないところから
老けはやってくる

駅までの道すがら、ふと前方に視線を向けると、見るからに「いい女」を発見。毛先をカールさせた長い髪に、すらりと伸びた長い手脚、白の半袖ニットにベージュのミニスカート、左手にはそれとわかるブランドバッグ……きっと、美人に違いない。同性ながら、つい、「顔」が見たくなりました。あっ、赤信号。もしかして、追いつけるかも？　少し足を速めて、交差点でさりげなく彼女の後ろに立ってみました。すると……？　なんと、ひじがさがさ、シワシワで、おまけに黒ずんでる。反射的にこう思いました。「若々しく見えたけれど、意外と私と同世代だったりして」

自分はどうだろうか、と焦りました。手が届かない、目が届かないところから、すでに、老けが静かにやってきている。でも、手や目が届かないから、気づかない。他人にはしっかり、見えているのに……。

全身360度、手が届くような柔軟性を持っているひと。末端や後ろ半身を観察できるような注意深い目を持っているひと。いつまでも年齢感や生活感を帯びないのは、きっと、そういうひとです。だから、手が届かない、目が届かないところからまず、ケアを始める……それが若々しさを保つ秘訣。

# 60

# 女の「社会性」

仕事仲間で世間話をしていたときのこと。ある男性がこんなふうに言っていました。

「傷《いた》んでぱさついた毛先や、ささくれ立った爪を見ると、『このひと、部屋が汚そう』と思う。一方で、人形のように巻かれた毛先やジュエリーのように彩られた爪を見ると、『このひと、料理できなさそう』と思う……」

鋭い指摘に、私を含め、その場にいた女性たち全員が、「わかる、わかる」。毛先や爪。男性は意外なところを見ているものと感心させられると同時に、それをヒントに、表面では見えてこない「生活ぶり」や、女としての「本質」を想像しているのだと、改めて気づかされました。髪と爪もまた、バランスが大事。やりすぎない、やらなさすぎない……センスが求められるパーツなのかもしれません。

ただ、一方で、こうも思います。美を語る仕事をしているひとのパーフェクトな毛先や爪は、溜息が出るほど美しいと思うし、たとえ、ぱさついたりささくれ立ったりしていても、必死で子育てをしている母親の毛先や爪なら、それもまた涙が出るほど美しいと思える。逆に、前者がもし手抜きをしてぱさぱさ、がさがさなら、信用も尊敬もできないし、後者がもし、完璧に飾り込んでいたら、「もっとほかにやるべきことがあるのでは？」と余計なことを考えてしまう。どちらも、女としてのバランス感覚が問われるパーツなのです。

そう、髪や爪は女の生活であり、本質。だからこそ「社会性」が見える、知性と思いやりが見えるってこと、決して忘れてはいけないのです。

# 髪と爪は、

# 61

# 「全身鏡」でメイクする、「三面鏡」でファッションする

ずっとお世話になっている年上の女性をお祝いする夜。「カジュアルな格好で来てね」という言葉に、散々迷い、結局、白のボウタイブラウスに黒のシンプルなパンツで行くことにしました。いつもよりきちんとメイクしよう。そう思った私は、下地からコンシーラーまで駆使して丁寧に肌をつくり、眉はしっかりめに描いて、目力《めぢから》も強調、そのぶん、唇にはヌーディな口紅を少し加えるだけにしました。私なりに、完璧に「計算」したつもりで。

会場に早めに着き、食事の前に整えておこうと鏡の前に立って、「えっ!?」。強

調しすぎた目元と存在感のない唇のバランスが、とても疲れて見える。しかも、肌色がいつもより白いために、それが余計に悪目立ちしていたのです。そして、鏡に映った自分の背面を見てさらに驚きました。ブラウスの首の後ろ部分がくしゃっと折れていて、「この洋服、今、急いで着たところです」という状態になってる。顔だけが見える鏡でメイクのディテールを、全身が映る鏡で全身のバランスを見て、完璧なつもりでいたけれど、それは単なるひとりよがりだったのだと気づき、なんともばつの悪い気持ちになりました。

以来、メイクもファッションも、ディテールとバランスの両方の視点が不可欠なのだと思うようになりました。全身鏡でメイクを、三面鏡でファッションを確認する癖をつけること、すると次第にその目が養われていく気がします。

ちなみに私は、家族に「豹柄のブラウス、ランチには派手すぎない？」と言われたことも「結婚式に参列するのに、なんだかメイクが地味じゃない？」と言われたこともあります。思えば、家族の視点は、全身鏡であり、三面鏡。ときどきは家族にアドバイスを求めて、自分のメイクやファッションを見直すことも必要なのです。

# 62

# 「美醜は伝染《うつ》る」と肝に銘じる

「ありがとう」と言われると、「ありがとう」と言いたくなるものです。相手からちょっとしたいい話を聞くと、そういえばこんないい話もあるとそのひとに伝えたくなります。そのときの顔は、互いに笑顔。一方で、悪口や愚痴も別の意味で話しているうちにどんどんエスカレートしていくのを自覚しています。そのときの顔は、残念ながら、ふたりとも口角が下がってるはずです。

以前、脳科学者の男性に、「ミラーニューロン」について聞いたときのことを思い出しました。これは、文字どおり、「鏡」のようにひとの行動や感情を「真似」する細胞のことで、共感の仕組みに大きな役割を担《にな》っているのだと聞きました。たとえば、結婚して長い時間を過ごした夫婦の顔が似てくるのは、この細胞のためなのだ、と。つまり、相手が親密であればあるほど、目の前のひとの行動や感情が無意識のうちに伝染っているということではないでしょうか？

大人は、心や表情の美醜が伝染ると、肝に銘じるべきだと思います。だから、なるべく美しいひとの傍らにいることが大切。

# 63

# 寝る肌は育つ、寝る体は痩せる

美肌に良質な睡眠が欠かせないことは、もはや常識。ある皮膚科の先生に化粧品とのつき合い方について聞いたところ、「綺麗になりたければ、化粧品の前に睡眠を見直しなさい」と諭されたこともあるくらい。

一方で、肥満を専門に研究している先生にお目にかかったときの驚きも、忘れることができません。「正しく眠れば、痩せるんです」。最近になって、質の高い睡眠は、およそ300キロカロリーも消費するのがわかったそうです。

美肌もダイエットも、眠りから。それは、誰もが持っている成長ホルモンの働きを最大限に高めること……だから、何はなくとも睡眠。ホルモンの働きは、化粧品よりダイエットより、劇的に「効く」のですから。

64

# 「瘦せる」意欲より、

「『瘦せなきゃ』って言うひとほど、『太る行動』をしてるんだよね」と、友人に指摘されたことがあります。だらだら食べる、階段よりエスカレーターを選ぶ、迷わずタクシーに乗りたがり、すぐに座りたがる……。その習慣さえ見直せば、太らないのに、と。そして、そのひとはこうも言いました。「太っていることが格好悪いんじゃない、太る行動が格好悪いんだよ」

痛いところを突かれた気がしました。体が重いから行動が鈍くなるのか、行動が鈍いから体が重くなるのか？　きっと、両方とも真実なのでしょう。ただ、どちらが先かはさておき、大人には行動を鋭敏にする意識が必要だと、改めて思ったのです。

# 「太らない」意識

私は、包容力や豊かさを感じさせる丸みは、大人ならではの美しさだと思います。一方で、意志の力で、引き締まった体をキープしている大人もやっぱり美しい。ただ、どちらも行きすぎると、諦めてしまった「恰幅のいいおばさん」になり、若さに執着している「痛々しいおばさん」になりかねません。だから、「痩せる」意欲より、「太らない」意識。どちらにも転がり落ちない、ちょうど「いい加減」を見極めて、ときに大らかに、でも意志的に行動することが、大人の女には肝心なのです。

# 65

# 「不注意」なひとから

食器を割ってしまう直前、「ああ、もうすぐ割ってしまう」と予感する。割れる様子がまるでスローモーションのように見える……そんな経験はありませんか？　何度も繰り返してようやくわかりました。食器を割るのは、意識も意思も「無」になった瞬間であること。脳がそれを直前に察知すること。でも、そのときにはもう、遅い……。そのたび、不注意な自分に嫌気がさしたり落ち込んだり。

そういえば、まだ就職して間もないころ、ずいぶん年上の女性に言われたことを思い出しました。「不注意な女性は、『部下』にも『嫁』にもしたくないタイプ。省《かえり》みない、考えない、学ばない……いちばん、信用できないのよね」

不注意とは、迂闊《うかつ》で軽はずみであること。粗雑で怠慢であること。無分別で無思慮であること……美しさが逃げていくのは、当然なのだと思います。若いころは許されるかもしれないけれど、大人は洒落にならない。そう自分に言い聞かせて、無になる時間をなくすよう、心がける毎日です。

# 美しさは逃げていく

# 66

# メイクは、ノーメイク顔の「マイナス3歳」を目指す

ある日、出かける前に鏡を見て、愕然としました。普段どおりにメイクしたはずなのに、ノーメイク顔よりもメイク顔のほうが断然、老けていたから。均一に塗ったファンデーションがよれてほうれい線を強調し、扇状に塗ったマスカラが目まわりのシワを強調していたのです。美しく見せるためのメイクが、かえって老けさせるなんて……。そのとき、気づかされました。大人のメイクは感性と技術だけでは、うまくいかない。「分析」と「考察」も必要なんだって。

大人になるほどメイクが難しいと感じているのは、私だけではないと思います。やらなさすぎは疲れて見え、やりすぎは痛々しく見えて、どちらも老けた印象に見せてしまうのを実感しているからです。だから、大人が心地よくいられるメイクの目安は、ノーメイク顔が語る年齢の、マイナス3歳。自分の顔や全体の印象をきちんと把握したうえで、そのくらいの「いい加減」をイメージすることが、大人をもっとも美しく見せるのだと思います。

67

# 気持ちを伝えられる

　ずっと憧れている、女優の江波《えなみ》杏子《きょうこ》さんの舞台を観に行ったときのことです。後日、江波さんから、私宛てに一枚の葉書が届きました。そこに綴られた直筆の一言……。

「○月○日、○時○分、あなたのどれだけ美しかったことか」

　その日、その時間は、私が舞台を終えた江波さんの楽屋を訪ねた、まさにそのとき。ちゃんと覚えててくださったんだ。それを、身に余る褒め言葉に代えて……。

　もともと「褒め上手」な江波さんのこと、私を喜ばせるためにこの言葉を選んでくださったのは間違いな

# 「ありがとう」以上の

いのですが、そう思いながらも私は今まで以上に、江波さんに「夢中」になりました。「ありがとう」という気持ちをその言葉以上に温かく、深く伝えるという、江波さんのずば抜けたセンスに、思わず心を鷲摑みにされたのです。「ありがとう」を100回繰り返すより、それ以上の気持ちを伝える方法があるのだと、知りました。

私にとってこの言葉は、一生の宝物。ことあるごとに反芻し、そのたび背筋を伸ばしているのです。いつか江波さんの粋な美しさに近づけるようにと、自分に言い聞かせながら。

# 清らかな肌は、清らかな生き方から

大手化粧品会社で訪問販売員として活躍する、90代の女性。21歳で結婚したのち、22歳の誕生日に夫が病死。「夫を一生愛し抜くために、生涯、結婚はしない」と誓い、自活を決意したことが、美容の仕事に携わるきっかけだったのだそうです。そして、今……90歳を超えてなお、「なぜこの仕事を続けているのですか？」との問いに、そのひとはこう答えました。

「いつまでも綺麗でいたいと思ったんです。あの世に渡ったときに、夫に見失われちゃうといやだから」

亡き夫のために、毎日毎日肌に触れる。同じ気持ちで、まわりの女性たちをも綺麗にする。美容の意味がまた、わかった気がしました。このひとの清らかな肌は、清らかな生き方から生まれている。大人の女は、こんな肌を目指すべきだということも。

# 69 美は「アキレス腱」に宿る

「そのひとが、動いているかどうかは、アキレス腱を見ればわかる」と言った美容のプロがいました。足首は、歩いたり走ったり跳んだり、自分の力で動いて「使う」ことでしか鍛えられない。自分の力で動いていないひとは、むくみや脂肪が溜まる……アキレス腱に、日々の生活が見えるのだ、と。

私が、アキレス腱が綺麗なひとにずっと憧れを抱いてきた理由がようやくわかりました。自分で動く＝自分で生きているということ。運動神経のよさもセンスのよさも、人生の豊かさも。そのひとの「生命力」がアキレス腱に宿っているのではないか……？　だから、アキレス腱が綺麗な女性は、軽やかでしなやかなのです。

70

# 自分を解放する

美容のプロたちが集ったときのこと。露出の多い季節を前に、話題は女性たち共通のコンプレックス、太い「二の腕」に集中。化粧品はもちろん、エクササイズや美容医療まで「どうしたら細くできるか」と、散々盛り上がりました。その後日談。私たちが解散したあと、その場にいた若手男性スタッフが静かにつぶやいたそうです。「男の立場からすれば、二の腕なんてまったく気になりませんけど」。じつは、私も同性ながら、二の腕はむしろ適度な「肉感」をキープすべきパーツだと思っていました。もっと言えば、太ももも同様に。なぜなら、二の腕は「胸」の一部、太ももは「お尻」の一部……胸やお尻のようにそれらは「色気の肉」だから。

だからこそ、ほったらかしにすると、途端に色

# 「痩せたい」から

気を失うのも事実です。ある男性が、こう語っていました。「ハリがあってなめらかな二の腕は『女』、ハリがなく、たるんだ二の腕は『おばさん』」。つまり、「女の象徴」だからこそ、きちんとケアして質を保たなくてはいけない。それができて初めて、色気の肉になりうるのだ、と。

二の腕や太ももだけではありません。私たちは口癖のように、ひたすら「痩せたい」と言いますが、じつは、痩せることだけが大人の女を美しくするわけではないと、まずは知ることが大切だと思います。「女」と「おばさん」の境界線をきちんと意識したうえで、今一度、丸みやしなやかさが大人の女の色気であることを自覚したい。「痩せたい」から脱して、そんなフレキシブルな発想ができる大人が、美しくなれるのです。

# 71

# ファッションは練習、美容も練習

「私、背の低さが、ずっとコンプレックスなんです」。そう言われたとき、初めてそのひとが私よりずいぶん、背が低いことに気づきました。それまで気にならなかったのは、いったいなぜ？

「トップとボトムのバランスを徹底的に研究したり、ストールの巻き方や足首のロールアップの仕方を繰り返し試したり……少しでも背が高く見えるように、努力してるんです。背が低いって、たいへんなんですよ。以前、背の高い友人にそう話したら、『へーっ、考えてファッションしてたんだね。私なんて、考えたこともなかった』って言われて。うらやましいと思いました」

この話を聞いたとき、そのひとがずば抜けておしゃれな理由がわかりました。「何を着るか」はもちろん、「どう着るか」を毎回毎回考えているひとと、ただ纏うだけで決まるひと。比較すればわかると思います。「練習」を積み重ねたひとのほうが、きっとファッションがうまいはずだ、と。

美容も同じです。365日、何十年もつき合ってきた自分の顔や肌なのに、なぜか私たちは、何も考えず、誰かの言うとおりに、スキンケアしたりメイクしてる。説明書のとおりにスキンケアしているのに肌がまだ乾いているのはなぜ？　雑誌のとおりにメイクしているのに顔が垢抜けないのはなぜ？　そう思っているとしたら、練習が足りないということ。もう一度自分の肌に触れ、顔を見て、美容を練習するべきだと気がついたのです。

ファッションは練習。スキンケアもメイクも、ヘアスタイルも、何もかも練習。練習はやがてセンスになり、美しさとして積み重なっていくものなのです。

# 72

# した分だけ、女は老ける

後片づけ？　あとでいいや。掃除？　週末でいいよね。どうにも気が乗らない仕事は、ついつい、また明日、また来週、と先延ばし……。恥ずかしながら、私の悪い癖です。先延ばしにして得た時間は、決して心地よく過ごせないとわかっているのに。先延ばしにすると、同じことをするのに、かかる時間や負担は何倍にもなるとわかっているのに。

そんな後ろめたさを繰り返して、ようやく気づきました。先延ばしにした分、体の動きが鈍

# 「先延ばし」

くなり、心に澱《おり》が溜まる。それは次第に、肌をくすませ、表情を曇らせ、やがて見た目を変える……こうして女は、老けていくのだ、って。そういえば、輝きを放っている大人は、共通して、先延ばししないで決断も行動も早い、その差が見た目の差になっていくのだと、改めて確信したのです。

今できることは、今。手をつけるだけでも、とりあえず。まだまだ努力の過程ではあるけれど、つねに自分に言い聞かせています。

73

# 美容力は、想像力から始まる

ある皮膚科の先生に言われて、はっとさせられました。

「食器を洗うとき、熱いお湯で流すと洗剤を使わなくてもスポンジでこすらなくても、ある程度落ちるでしょう？　肌も同じこと。熱すぎるお湯で顔を洗うと、それだけで必要な脂が奪い取られてしまうんです」

肌にとっての理想の温度は32℃、低いと汚れが落ちないし、熱いと乾燥する……今まで何十回も何百回も取材を通じて「正解」を聞いてきたのに、私自身、どこかぴんと来ていなかったのかもしれません。食器洗いにたとえられて初めて、はっきりとイメージできたんです。

あるビューティカウンセラーの言葉。「研修中、何度、マニュアルどおりにしても、先輩に指導されてもできなかった洗顔泡の正解。『美味しいホイップクリームをつくるようにしてみて』というたった一言で、できたんです」

ある化粧品会社の女性の言葉。「コットンに化粧品を含ませるのは、筆に墨汁を含ませるようなもの。筆だと均一に文字が書けるけれど、指だと最初に濃くついて最後はかすれてしまう。コットンでなじませると肌全体に均一に与えることができる、手でなじませるとたっぷりつくところとまったくつかないところとのばらつきがある……」

ある美容家の言葉。「自分の子供や孫に、甥や姪に、友達の子供に……赤ちゃんにどんなふうに触れますか？　それと同じように自分の肌に触れてください」

ある皮膚科医の言葉。「心が内臓に包まれてる、内臓が肌に包まれてる、心が肌に影響しないわけないでしょう？」

美容力は想像力。想像力こそが美容の効果を、何倍にも上げてくれるのです。

74

# 脳のこまめな興奮

タクシーに乗ろうと舗道に立っていると、私の前に、同じようにタクシーを待つ、高齢の女性。80代？　いや、もしかしたら、90代だろうか……？　真っ白なセットアップと、真っ赤な口紅が、艶のある白髪にも優しいシワにもとてもよく似合う、艶やかなマダム。杖を突いて、少し歩きづらそうではあったものの、表情はとても若々しく見えました。思わず「おしゃれですね」と話しかけると、「あら、ありがとう。私、おしゃれが大好きなの。じつは、病院に行くだけなんだけど、ね」。このひとが生き生きしている理由がわかったような気がしました。脳の「小さな興奮」を積み重ねているからなのだ、と。

サロンで髪を仕上げてもらったとき。セレクトショップで似合う洋服に出会ったとき。エステで何倍も明るくなった肌を見たとき……。誰しも、脳に小さな興奮を覚える瞬間があるはずです。見慣れた自分よりも、ほんの少しだけ垢抜けた自分を目の当たりにする興奮。それが脳を喜ばせ、結果、何よりのアンチエイジングにつながっていく。

たとえ、毎日のメイクやファッションであっても、何も考えないルーティンにするか、自分を美しくする儀式と考えるか。そのちょっとした差が、表情の若さを生むのです。

若さをつくるのは、

# 「自分の役目」を自覚し、没頭するひとが、何よりも美しい

あるモデルの女性に、「美しいと感じる女性はどんなひとですか?」と問うたとき、しばらくの沈黙のあと、こんな答えが返ってきました。「自転車の後ろに子供を乗せ、かごに食材や日用品をいっぱい詰め込んで、脇目も振らず、必死で自転車をこぐお母さん……。このうえなく美しい姿だと思います」

あるメイクアップ・アーティストの男性にインタビューしたとき、こんな言葉をもらいました。「愛する人のために一所懸命料理

をしている女性の表情……。あの美しさには、メイクは勝てないんだよね」

ある人気俳優が、自分が思うもっとも美しい女性に挙げたのは「祖母」。理由は、「家族を守り抜くことを使命ととらえて、いいことも悪いことも自分の身に起こることを淡々と受け止め、そこでやらなければならないことを粛々《しゅくしゅく》とこなしてきた……そんな生き方が美しいと思うから」と、語ってくれました。

仕事や家庭など、自分の役割を自覚し、没頭しているひと。結果、誰かにとってかけがえのないひと。3人とも、そういうひとがもっとも美しいと教えてくれたのです。

私自身、「美しく見せる」ことばかりに躍起になり、「美しく生きる」ことを忘れそうになるときがあります。でも、改めて考えてみると、「誰かにとってかけがえのないひと」でないと、その美しさは本物じゃない。以来、ことあるごとに「私に与えられた役割はなんだろう?」と問いかけ、自分を律するようにしています。

# 76

# あなたは「母親」が

美しいひとにその秘密を聞くと、必ずと言っていいほど、母親から受けた「躾《しつけ》」のことが話題に上ります。あるひとは「たとえメモでも、字は綺麗に書きなさい」、あるひとは「辛いときほど、笑いなさい」、あるひとは「『見送り』と『出迎え』のときだけは、何があっても上機嫌に」、あるひとは「面倒なことは先にすませる、するとその分、楽しい時間が長くなるのよ」……。大人の私が今触れても、はっとさせられ、背筋が伸びるような言葉を、小さなころから繰り返し、言われていたのです。そのたび、確信します。このひとたちの美しさの土台をつくっているのは、躾。だから、母親の存在が透けて見えるのだ、と。そして、母親を尊敬している女性には、ぶれない芯を持っているひとが多いことも学びました。

以来、私も、幼いころに母親に言われたことを思い出しては、行動を振り返るようにしています。母親が透けて見えるひとを目指して。

# 透けて見えるひとですか？

# 77

# 服の形や口紅の色が印象に残らないひとが、最上級のいい女

とびっきり美しいひとに会ったとき、たとえ長い時間を一緒に過ごしても、あとで着ていた洋服の形や塗られていた口紅の色が思い出せないことがあります。いや、むしろ思い出せないことのほうが多いかもしれません。「美しい」という残像や残り香みたいなものは、脳のすみずみまでしみ込んでいるのに。じつは、そういうひとが、女としては最上級なのだと思います。格好いい洋服を着ていたから綺麗、メイクが上手だったから綺麗、ではなく、その人自身が光を放っているということだから……。

そういえば、スタイリストの女性が言っていました。「本当に美しいひとは、洋服もヘアもメイクも、その存在感にすーっと溶け込み、奥行きや味わいになってしまうもの」だと。トレンドやセオリーに翻弄《ほんろう》されるのではなく、そういう服選びや美容とのつき合い方のできる大人でありたいと思います。

# 老化は、エレガンスの始まり

今なお、現役で活躍する最年長プロサッカー選手、三浦知良《みうらかずよし》さんのインタビュー。なにげなく観ていたテレビ番組でのことでした。

「若い選手たちが次々と活躍する中、彼らに太刀打ちできないと感じることはありませんか？」というインタビュアーの少し意地悪な質問。彼がどう答えるのか、とても気になりました。すると……？

「体力にもスピードにも自信があり、全力で走れた若いころは、自分のことしか見えていなかった。でも、年齢を重ねて、次第にわかってきたことがある。それは、スピードが落ち、体力が落ちて、動きが遅くなった分、若いころよりもまわりがよく見えるようになったということ。体力やスピードでは、彼らに太刀打ちできないというデメリットの代わりに、メリットが生まれた。続ける意味はここにある。年齢を重ねても昨日より今日、今日より明日と、自分がうまくなっていく限り、続けていきたいと思う……」

メモをとっていなかったし、録画もしていなかったので正確な言葉ではありませんが、そんなニュアンスの答えを口にした三浦選手。思わず心を揺さぶられ、深く考えさせられました。

私たちの人生にも同じことが言えるかもしれない。このエピソードに重ね合わせるにはあまりにおこがましいけれど、私自身、年齢を重ねるにしたがって、体力が落ちたり、スピードが落ちたりと、若いころのように俊敏な動きができなくなるのを、よく感じています。そのたび、失いゆくもの、できなくなることばかりに目を向け、溜息をついていたけれど、発想を逆転させれば、じつは、進化していることがあるんじゃないか。それは、「動きが緩慢になる」＝「立ち居振る舞いがエレガントになる」ということ。そして、「自己中心的な考え方」から、「まわりを活かし、調和を大切にする考え方」へとシフトすること……。

本物のエレガンスを生むのは、じつは「老化」なのだと、そのとき気がつきました。ほんの少し見方を変えるだけで、大人の女性のあるべき姿は見えてくるものなのです。

# 79

# 「おばさんになる肌」

その日は、美容ページの撮影でした。少し遅れてやってきたモデルの女性の顎あたりに、かなり目立つ吹き出ものを発見。カメラマンもメイクアップ・アーティストもスタイリストも、もちろん私も、言葉にはしなかったものの「ああ、大丈夫かな？」と思っていました。彼女は私たちの視線からその雰囲気を感じ取ったのか、間髪を容《い》れず、「消せますよね？」。コンピュータ上で、写真を修整し、吹き出ものを消してほしいという意味でした。手の内を明かすと、写真の加工技術が進化した今、吹き出ものものひとつやふたつ、なかったことにするのは、確かにたやすいこと。でも、プロでありながら、それを予《あらかじ》め当てにして撮

# 思わず生活が見える、

影に臨む意識に、正直、違和感を覚えたのです。

　無事、撮影を終えたカメラマンが一言、「彼女、『おばさん』になるね」。えっ、どういうこと？　「お菓子をだらだら食べていそう、遅刻しても平気と思ってそう、家もバッグも汚そう、パートナーに家事を押しつけていそう……なんだか、肌に『生活』が見える気がしたんだよね。おばさんにまっしぐら、っていう……」

　そのとき、確信しました。肌はそのひとの生活を語るのだということを。年齢が見える肌を私たちは嫌がるけれど、もっと気にするべきは、だらしない生活が見えていないか、ということなのだ、と。

# 80 「綺麗なひと」より、「華のあるひと」になるために

ある大人向けの女性誌で、「『華』の正体とは?」というテーマで、原稿を書く機会に恵まれました。私たちはよく、「あのひと、華があるよね」という表現をするけれど、「華」ってそもそも、何なのか? 「綺麗なひと」より「美しいひと」より、もっと先の褒め言葉、「華のあるひと」を目指すために、その正体を解き明かしたいのだ、という依頼。私もそう言われてみたい、とても興味深いテーマです。

ところが、いざ書こうとすると、どうにも筆が進まない。考えれば考えるほど、複雑になり、わからなくなる……言葉にするのは、至難の業だと気づきました。そこで、あえて男女も年齢も問わず、まわりのひとたちに「華のあるひとの、『華』ってなんだと思う?」と質問を投げかけてみたのです。たくさんのユ

ニークな答えの中で、私がもっともはっとさせられたのが、出版社勤務の男性の、この言葉。「華って、体力なんじゃないかな？」

「華＝花ととらえるなら、虫が花に対してそうであるように、本能レベルで吸い寄せられるのが、華。そのひとにエネルギーをもらえると直感するからこそ、ぱっと目が行くし、心を摑まれるんです。それに対して、見るからに疲れていたり、機嫌が悪かったりするひとには、エネルギーをもらえないどころか、こちらのエネルギーまで奪われそうで、無意識のうちに遠ざけたくなるでしょう？　華のあるひとは、元気そう、健康そう、楽しそう、幸せそう。そのすべての裏側にあるのは、体力だと思うんです。それは男女問わずに言えることですよね」

体力がないと、顔色が悪くなり、口角が下がる。体力がないと、姿勢が悪くなり、足取りが重くなる。すると、メイクも髪形もうまく決まらないし、洋服もぱりっと着こなせない……想像したら、華って、とてもシンプルなことだったのだと合点がいきました。

華のあるひとになるためには、まずは、体力をつけること。そして、毎日を生き生きと生きること。

81

# 女は態度で、肥大する

電車で、脚を広げて座っているひと。ソファに、どかんと座っているひと。カフェで前かがみになって、ひじをついているひと、寿司屋でひじをつき、カウンターを手でばんばん叩いたり、カウンターの下で足をぶらぶらさせたりしているひと……。「態度が大きいと、女は肥大して見える」と、友人に言われたことがあります。しかも、脚を広げて座ると脚の筋肉が衰え、ドカンと座ると腹筋や背筋が衰え、ひじをつくと顔の筋肉が衰える、そして、緊張感のないひとは全身が緩む……。つまり、そう見えるだけでなく、実際に肥大していくのです。

太りたくないなら、清く正しく美しく。女性のたしなみを心がけることも、大人のダイエットに違いありません。

# 82

肌の履歴は
人生の履歴、
幸福度の履歴

ある女性誌で、取材を受けたときのこと。「今までの肌履歴を折れ線グラフにしてもらえますか？」。○歳で肌が落ち込んで、○歳で持ち直して、○歳のときは停滞気味で、○歳のときにぐっと上向いた……など。改めて自分の肌の履歴を思い返してみると、法則が見えてきました。それは、肌の履歴は、人生の履歴と同じであること。

取材を受けたほかのひとたちも、まったく同じ法則を見出したようでした。「ああ、このとき、彼と別れたから、肌が落ち込んだんだ」「ああ、このときは、万年睡眠不足だったっけ？」「ああ、このとき、結婚して幸せだったから、肌が上向いたんだ」……。肌の折れ線グラフと人生の折れ線グラフを重ねて透かして見ると、きっと一致しているはず、と私たちは大いに盛り上がりました。

肌の履歴は、人生の履歴。もっと言えば、幸福度の履歴。大人になったら、幸福でいる努力が、すなわち、肌を美しくする努力なのです。

# おわりに

「美人は、見えないところで小さじ1杯の陰の努力をしているんだな、って思ったの。そんな『美人の楽屋裏』を覗いてみたい、と」

この一冊が生まれるきっかけになった言葉です。

記者会見に臨んだある女優があまりに美しく、思わず目を奪われたこと。よく見たら、そのひとは座っている間中、脚をきちんと揃え、斜め30度に傾けていたこと。さらに観察し続けると、左脚がずっと宙に浮いていたのに気づいたこと。自分も、電車で座ったときに真似をしようとしたけれど、辛すぎてできなかったこと……そして、冒頭の一言。本書を企画・立案し、具体的に形にしてくれた担当編集者、原田美和子さんの言葉です。

それは私が、美人に出会うたび感じていたことでもありました。見た目の美しさの裏や奥には、必ずと言っていいほど、結果、そう見える「何か」が隠されています。一朝一夕には表に現れない、目に見えない、でも、積み重なるとふとした瞬間にまわりの心を動かす美しさに変わる、日々の努力。ときに自分を律し、ときに自分を慈しむ、ささやかで清らかな心がけ。彼女たちが美しく見えるのは、美しく生きているからなのです。だから、ひとの数だけ美しさが存在するのだと、確信しました。

私が美人の楽屋裏で発見した「美しく生きる」ヒントが、ひとりでも多くの女性のお役に立ちますように。そして、ひとりひとりがかけがえのない美しさに出会えますように。

見た人の心の扉を優しくノックする、個性豊かなイラストを描いてくださった白根ゆたんぽさん、言葉を超えてすーっと心に溶け込む、このうえなく美しいデザインをしてくださった岩間良平さん、心が解きほぐされ、穏やかになる写真を寄稿してくださった興村憲彦さん、一緒に言葉を紡ぎ、世界観をクリエイトしてくださった担当の原田さん、そしてこの本を手にしてくださったすべての皆様に心から感謝いたします。

松本千登世

## 松本千登世（まつもと・ちとせ）

美容ジャーナリスト、エディター。1964年、鳥取県生まれ。神戸女学院大学卒業後、航空会社の客室乗務員、広告代理店勤務を経て、婦人画報社（現ハースト婦人画報社）に勤務。その後、講談社「Grazia」編集部専属エディター＆ライターの活動を経て、フリーランスに。美容を中心に、人物インタビューやファッションページなど、幅広く手掛ける。

女優、モデル、美容研究家などへの多くの取材で得た知識、視点に定評があり、現在、女性誌などで連載を執筆中。

著書『美人に見える「空気」のつくり方　きれいの秘訣81』『美人をつくる逆転の法則　大人の美容53』（以上、講談社）も好評。


本書は、「DRESS」2014年11月号、12月号「DRESSな女、100の定義」(gift)、「FRaU」2014年11月号「日々の筋トレ、なるほどカルタ」(講談社)の一部を大幅加筆、修正、新規に書きおろししたものです。

# ハイヒールは女《おんな》の筋《きん》トレ
## —美《び》の基礎《きそ》代謝《たいしゃ》をあげる82の小《ちい》さな秘密《ひみつ》—

2015年4月23日　第1刷発行

著者　松本千登世《まつもとちとせ》


発行者　鈴木　哲
発行所　株式会社　講談社
〒112-8001　東京都文京区音羽2-12-21
電話　編集 03-5395-3532
販売 03-5395-3622
業務 03-5395-3615

装丁／本文デザイン　岩間良平
カバー、本文イラスト　白根ゆたんぽ
本文写真　興村憲彦
カバー著者写真　資人導
印刷所　慶昌堂印刷株式会社
製本所　株式会社国宝社



ISBN978-4-06-219456-3
定価はカバーに表示してあります。